NOUVELLE THÉORIE

DU

PARTICIPE PRÉSENT.

Tout exemplaire non revêtu de la signature de l'auteur sera considéré comme contrefait, et tout contrefacteur ou débitant de contrefaçons sera poursuivi selon la rigueur de la loi.

SAINT-CLOUD. — IMPRIMERIE DE BELIN-MANDAR.

NOUVELLE THÉORIE

DU

PARTICIPE PRÉSENT

OUVRAGE ENTIÈREMENT NEUF,

Où ressortent l'insuffisance et le peu de solidité des règles qui,
jusqu'ici, ont régi cette matière, et dans lequel
chacun des participes présents de notre langue est traité
à part et rangé selon son ordre alphabétique ;

PAR BONNEAU,

AUTEUR DE LA GRAMMAIRE SELON L'ACADÉMIE, ETC., ETC.

———

Prix, cartonné, 1 fr. 25 c.

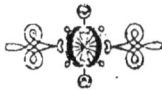

PARIS,

CHEZ L'AUTEUR, RUE VIVIENNE, N° 17 ;
DELALAIN, RUE DES MATHURINS-SAINT-JACQUES, 5 ;
EUGÈNE BELIN, RUE CHRISTINE, 5 ;
DESOBRY ET MAGDELEINE, RUE DES MAÇONS-SORBONNE, 1.

———

1846.

1847

Ouvrages du même Auteur.

LA GRAMMAIRE SELON L'ACADÉMIE, revue par M. MICHAUD, membre de l'Académie française; *ouvrage adopté comme livre classique*, et autorisé pour l'usage des colléges. In-12, 15e édition. . . . . *Cart.*, 1 fr. 50 c.

EXERCICES FRANÇAIS, calqués sur les principes de la *Grammaire selon l'Académie.* In-12, 11e édition. . . . *Cart.*, 1 fr. 50 c.

CORRIGÉ DES EXERCICES FRANÇAIS. In-12. . . . *Br.*, 1 fr. 90 c.
Cart., 2 fr.

ANALYSE grammaticale raisonnée, où sont développées toutes les règles de la grammaire. Ouvrage refondu et mis en rapport avec la *Grammaire selon l'Académie.* 8e édition.
Prix. . . . . 1 fr. 25 c.

L'ANALYSE LOGIQUE dégagée de ses entraves et ramenée à la vérité. 5e édition. In-12. *Br.*, 1 fr. 40 c. *Cart.*, 1 fr. 50 c.

ABRÉGÉ de la *Grammaire selon l'Académie*, ouvrage adopté par le Conseil royal de l'Instruction publique. 110 pages d'impression. In-12, 11e édition. . . . . *Cart.*, 90 c.

EXERCICES RAISONNÉS SUR L'ORTHOGRAPHE, mis en rapport avec l'*Abrégé* de la Grammaire selon l'Académie. In-12, 9e édition. . . . . *Cart.*, 90 c.

CORRIGÉ des *Exercices raisonnés sur l'orthographe.*
Prix. . . . . 1 fr. 25 c.

LA GRAMMAIRE réduite à sa plus simple expression, et MÉTHODE PRATIQUE, à l'usage des classes nombreuses. 2 vol. in-12, 13e édition. Prix des deux parties . . . . . . 1 fr. 25 c.
Prix de la *Grammaire* seule. . . . . 1 fr. »

EXERCICES ORTHOGRAPHIQUES appropriés à l'intelligence du premier âge. 12e édition.. . . . . 1 fr. 25 c.

CORRIGÉ des *Exercices orthographiques.* . . . . 1 fr. 50 c.

LES PARTICIPES réduits à deux règles qui ne souffrent *pas une seule exception.* 7e édition, entièrement refondue. 1 fr. 25 c.

LA CONCORDANCE des temps du subjonctif. In-12, 2e édition, entièrement refondue. . . . . 1 fr. 25 c.

NOUVELLE THÉORIE

DU

PARTICIPE PRÉSENT.

PREMIÈRE PARTIE.

NOTIONS PRÉLIMINAIRES.

1. On appelle *participe* une sorte de mot tenant tout à la fois de la nature du verbe et de la nature de l'adjectif; c'est même à la *participation* de ces deux natures que cette partie du discours doit son nom de *participe*.

Rigoureusement parlant, il n'y a donc de participes que les mots qui ont cette double propriété.

Ainsi *aimant, languissant, mourant, obligeant*, etc., sont de véritables participes, parce qu'ils sont tantôt verbes et tantôt adjectifs.

2. Lorsqu'ils sont verbes, ils restent invariables, c'est-à-dire qu'ils ne peuvent se terminer autrement que par les lettres *ant*, alors même qu'ils se rapportent à des noms pluriels.

EXEMPLES. — *Les hommes* LANGUISSANT *dans la misère ont rarement des idées élevées.*

Ces dames OBLIGEANT *tous ceux qui s'adressent à elles, vivent estimées et honorées.*

Les hommes, les plus vulgaires même, MOURANT *pour la patrie, ont droit à nos regrets.*

1

Ces jeunes gens AIMANT *l'étude, deviendront des hommes distingués.*

3. Et quand ces mêmes mots *aimant, languissant, mourant, obligeant,* etc. , sont des adjectifs, ils deviennent variables, c'est-à-dire qu'ils prennent le genre et le nombre des noms auxquels ils se rapportent.

Nous trouvâmes ces naufragés LANGUISSANTS, MOURANTS. — *On voit avec plaisir, et volontiers on recherche les personnes* AIMANTES, OBLIGEANTES.

Comme on le voit, ces mots *aimant, languissant,* sont de véritables participes, puisqu'ils sont tour à tour verbes et adjectifs.

Mais par analogie on applique cette expression *participe* à cette partie de l'infinitif de tous les verbes qui est terminée par *ant.* Ainsi *finissant, recevant, lisant, apportant, écrivant,* et des milliers d'autres qui ne peuvent être que verbes, n'en sont pas moins appelés *participes présents.*

C'est par analogie, disons-nous, que ces derniers, quoiqu'ils ne puissent être que verbes, prennent le nom de participe présent. Il serait plus exact de dire que c'est parce qu'autrefois ils furent participes *déclinables* qu'on les classe encore aujourd'hui parmi les participes.

En effet, la langue française, en grande partie issue de la langue latine, dut, alors qu'elle se formait, non-seulement beaucoup emprunter de cette langue mère, mais encore se modeler en grande partie sur elle ; il suffit d'ouvrir les livres de cette époque pour en être pleinement convaincu. Mais des dix espèces de motsde notrelangue, il n'en est aucune dontla filiation soit plus généralement frappante et plus palpable que celle qui existe entre le participe présent des Latins et le nôtre, aucune surtout dont les mots offrent dans leur finale une similitude plus constamment identique :

Aimant, venant, dormant, régnant, promettant.
Amans, veniens, dormiens, regnans, promittens.

Or, les Latins faisant sans exception de chacun de ces mots un adjectif et un verbe tout à la fois, il serait étonnant que les mots français sortis de ces mots latins en en conservant jusqu'à la forme même, eussent été assujettis à une autre règle que la règle latine.

En se reportant même à cette époque où la langue française commence à prendre une physionomie moins exclusivement latine, voit-on que les auteurs d'alors, encore sous l'empire de la règle des Latins, la seule qui jusque-là les guidât, écrivaient tous les participes présents en les faisant varier, et alors même qu'ils avaient des régimes ou compléments.

Ainsi on lit dans Rabelais, sous la date de 1556 :

Le Tibre croist inopinement non seullement par esgout des eaues TUMBANTES *à la fonte des neiges, mais encore par les vens austraux qui* SOUFFLANS *droict en sa boucque* (son embouchure) *près Hostie,* SUSPENDANS *son cours et ne luy* DONNANS *lieu de sescouler dans la mer, le font enfler et retourner en arrière.*

Tous sortirent ou deuvant de luy, IECTANS (jetant)

feu de tous coustez sus luy et sa iument (jument)
SONNANS *de leurs cymbales et* HURLANS..... *De sorte
que la iument* ARRIUANTE *au convent* (arrivant au
couvent) *de luy ne pourtoyt que le pied droict.*

(Le même.)

Il n'y a pas deux siècles encore qu'il en était ainsi.
Or, et quoi qu'en dise un philosophe que personne
n'estime plus que nous, le mot *participe* était une
expression heureuse et heureusement appliquée à
un mot qui *participait* en même temps du verbe et
de l'adjectif; du verbe, puisqu'il en avait la force,
nous voulons dire la signification et le régime; de
l'adjectif, puisqu'il en avait la souplesse, c'est-à-dire
les désinences et l'accord.

Mais à la fin du XVIIᵉ siècle, la règle générale,
jusque-là assez généralement suivie, fut méconnue.
Quelques littérateurs hardis, mais bien inspirés, s'é-
cartèrent d'un principe qui avait pu suffire au passé,
mais qui ne répondait plus aux besoins du présent.
Ils distinguèrent donc entre le cas où le participe
reste *verbe*, et le cas où il se transforme en *adjectif :* verbe, ils l'écrivirent invariable; adjectif, ils le
firent varier. Au lieu donc d'écrire comme leurs de-
vanciers, et comme ils l'avaient fait eux-mêmes jusque-là, *ici on voyait des chevaliers* CHEVAUCHANTS
et BRAVANTS *les hasards des combats, là des hommes*
LUTTANTS *corps à corps ou* S'ATTAQUANTS *avec la
même ardeur que les bêtes sauvages* POURSUIVANTES
leur proie, ils écrivirent, comme nous le ferions aujourd'hui, tous ces participes invariables.

Outre qu'une raison d'harmonie, raison bien fon-

dée du reste, a pu avoir sa part d'influence sur le
parti que prirent les premiers littérateurs dissidents,
ils durent plus particulièrement se déterminer par
le désir ou plutôt le besoin d'être clairs, par la nécessité de donner aux mots une conformation qui en
exprimât sans équivoque et immédiatement la valeur
et le sens.

5. A l'époque où le participe présent était variable dans toutes les circonstances, il n'était pas
possible d'exprimer certaines nuances fines, délicates, qui, bien que senties par les littérateurs d'a-
lors, manquaient d'expressions qui les peignissent;
cette impossibilité a disparu par le fait seul de la
variabilité ou de l'invariabilité du participe.

Quand, par exemple, Fénelon dit *la brebis* BÉ-
LANTE, *les taureaux* MUGISSANTS, à la seule manière
dont ces mots sont orthographiés, nous savons qu'il
ne nous peint nullement une brebis dans le moment
où elle bêle, ni les taureaux à l'instant qu'ils mugissent; il caractérise tout simplement la brebis
par la faculté qu'elle a de bêler, et les taureaux par
celle qu'ils ont de mugir. S'il eût voulu nous représenter la brebis dans le moment même où elle exerce
cette faculté, où elle la met en jeu, en un mot dans
le moment où elle bêle, et les taureaux à l'instant
qu'ils mugissent, il eût dit comme ici, *les brebis* BÉ-
LANT, *les taureaux* MUGISSANT, *et les chiens* ABOYANT,
il ne nous fut pas possible *de nous entendre;* c'est-
à-dire *nous ne pûmes nous entendre dans le temps
que,* ou *parce que les brebis bêlaient,* que les taureaux mugissaient et que les chiens aboyaient: nous

le répétons encore, l'orthographe seule de ces mots *bélant*, *mugissant* nous fait pénétrer immédiatement dans la pensée de l'auteur, et c'est là un avantage que nos pères n'avaient pas.

Cependant la règle fut longtemps à se fixer; et ce n'est guère qu'à la fin du XVIIe siècle qu'elle fut généralement suivie. Dans toute cette période de cent soixante à cent quatre-vingts ans, il ne s'est pas élevé une seule voix pour refuser sérieusement la qualité de *participe présent* à cette partie de l'infinitif qui est terminée par *ant*. Et pour nous montrer accommodant avec ceux qui trouvent l'expression *participe* mal faite ou mal appliquée, nous ne nous retrancherons pas derrière cette raison traditionnelle, déjà si puissante par elle-même, qu'autrefois tous les participes présents étaient déclinables; nous prierons seulement ces grammairiens de remplacer, si cela est possible, cette expression par une autre qui, sans rappeler, si l'on veut, cette double fonction dans les siècles passés, peigne au moins d'une manière exacte la fonction plus restreinte à laquelle le participe indéclinable se trouve actuellement réduit. Nous attendons (1).

_____

(1) Mais qu'on ne croie pas en être quitte en nous disant que ces mots *lisant*, *marchant*, *finissant*, etc., sont une *modification* du verbe; ce serait, comme on le dit vulgairement, parler pour ne rien dire, attendu que toutes les personnes de tous les temps d'un verbe sont également des *modifications* de ce verbe.

Des différentes sortes de participes.

6. Il y a deux sortes de participes, savoir : le participe *présent* et le participe *passé*. Mais notre intention étant de ne traiter que du participe *présent*, nous renverrons, quant au participe passé, à un traité spécial que nous avons publié sur cette matière (1).

DU PARTICIPE PRÉSENT.

7. On appelle *participe présent* celle de nos deux sortes de participes qui exprime une action *présente*, une action actuelle, comme quand je dis, *j'aperçois dans le lointain deux personnes* COURANT *à toutes jambes;* ou qui représente une action dans le moment même où elle se faisait autrefois : *hier nous rencontrâmes deux hommes* CHASSANT *sur vos propriétés.* — *L'histoire nous peint Alexandre le Grand* PLEURANT *la mort de Darius, son ennemi.*

8. Parmi les participes présents, il en est qui sont toujours invariables; cela vient de ce qu'ils ne peuvent être que verbes, tels sont *pouvant, sachant, lisant, travaillant, comprenant, veillant, visitant, écrivant, finissant, rendant, étudiant,* etc., etc.,

(1) Ce traité a pour titre les *Participes réduits à deux règles sans exception,* 8ᵉ édition.

lesquels ne sauraient conséquemment se terminer autrement que par les lettres *ant*.

9. Les autres, au nombre de quatre cents environ, sont sujets à varier, c'est-à-dire à prendre le genre et le nombre, parce qu'ils ont la propriété de se transformer en adjectifs; tels sont *persévérant, prévenant, concluant, mourant, intéressant, obligeant, suffisant, tremblant, conciliant, charmant*, etc., qu'on appelle adjectifs verbaux, parce qu'ils sont évidemment formés des verbes *persévérer, prévenir, conclure, mourir*, etc.

Ainsi, ces derniers conservent-ils la qualité de verbe, ils sont invariables; se transforment-ils en adjectifs, ils sont variables, et suivent la règle de l'adjectif.

10. Or, distinguer le cas où un participe présent reste tel, et le cas où il se transforme en adjectif, constitue toute la théorie du participe présent.

Pour faire cette distinction, il est essentiel de se pénétrer de la différence qui existe entre la fonction du verbe et celle de l'adjectif.

Le verbe exprime le plus souvent l'*action*, et l'adjectif la *qualité* ou l'*état*. (Par *état* on entend ici la situation où est une personne ou une chose.)

Par exemple, quand je dis,

Ces enfants nous INTÉRESSANT *par leur babil, nous leur fîmes quelques questions*, le mot *intéressant* est ici participe présent, est ici verbe, parce qu'il exprime une action; en effet *intéresser par son babil*, c'est causer, c'est agir.

Ce serait bien différent, si je disais,

Voilà des enfants INTÉRESSANTS. Ici le mot *inté-ressant* serait adjectif, parce qu'au lieu d'exprimer telle ou telle action faite par les enfants, il peindrait en eux une qualité.

Telles sont les deux seules raisons sur lesquelles se fonde toute la théorie du participe présent. Ainsi, pour le dire encore une fois, y a-t-il *action*, c'est le verbe, et alors le mot en *ant* est invariable; y a-t-il état ou qualité, c'est l'adjectif, et alors le mot en *ant* est variable.

Comme on le voit, le principe est fort court, et l'étude en est bientôt faite; mais l'application en est extrêmement difficile.

Nous ne l'avions jamais mieux senti que depuis que nous nous sommes occupé de composer ce *Traité spécial de nos Participes présents.*

Chaque jour en effet nous donne surabondamment la preuve que de toutes les difficultés de la langue française, la question (jusqu'ici plutôt esquivée que traitée) de la variabilité ou de l'invariabilité des participes présents est incontestablement, et sans comparaison aucune, la plus délicate, la plus sérieuse. Plusieurs savants du premier ordre n'ont pas dédaigné de s'en occuper, et pourtant leurs dissertations (nous oserons le dire) n'ont répandu aucune lumière nouvelle : aujourd'hui, comme par le passé, la difficulté existe tout entière; elle existe pour le grammairien comme pour le professeur, pour le savant comme pour le praticien.

Après de longues méditations, et pour nous éclairer nous-même, nous avons recueilli dans le

4.

Dictionnaire de l'Académie tous les adjectifs verbaux de notre langue; puis nous avons fait une étude séparée, une étude à part de chacun d'eux.

Depuis lors, et beaucoup mieux encore que par le passé, nous comprenons que, pour ceux qui n'ont pas, comme nous, consacré leur vie entière à l'étude de la grammaire, il était non-seulement difficile, mais encore impossible de maîtriser absolument une matière avec certains points de laquelle notre longue expérience s'est sérieusement trouvée aux prises (1).

De cet examen est encore née pour nous la conviction la plus intime, que pour embrasser étroitement cette question, il était indispensable de suivre la méthode que nous avons adoptée. Il n'est pas inutile de dire ici sur quoi repose notre conviction. C'est qu'après avoir soumis les difficultés concernant tel mot, nous n'en étions pas plus avancé relativement à tel autre; que ces difficultés sans cesse renaissantes, tiennent à certaines nuances délicates, propres à chaque expression : d'où nous avons conclu que, pour traiter ce point grammatical dans toute son étendue, il était de toute nécessité que chaque adjectif verbal fût présenté à part, et autant que possible dans les différentes acceptions qui en font tour à tour un verbe ou un adjectif.

S'il nous fallait justifier cette assertion par le té-

----

(1) Cet aveu pourra paraître naïf, et cependant il ne nous coûte pas. Nous doutons même qu'il y ait des littérateurs ou des savants qui, s'ils ne le font tout haut, ne soient forcés de se le faire tout bas.

moignage de tout lecteur consciencieux, il nous suffirait de lui demander si, ayant assez réfléchi pour
savoir s'il doit écrire *nous vîmes cette femme* TREM-
BLANT *de froid* ou bien TREMBLANTE *de froid*, il en
sera beaucoup plus éclairé sur le point de savoir s'il
considérera comme *verbes* ou comme *adjectifs* les
mots *mourant* et *expirant* de la phrase suivante:

On a peint ces guerriers MOURANT *l'arme au
poing*, *et ceux-ci* EXPIRANT *dans les bras de leurs
compagnons d'armes*, ou bien *mourants, expirants.*

De bonne foi, les méditations faites pour lever
les difficultés de la première de ces phrases, servi-
ront-elles beaucoup à soumettre les difficultés de la
seconde? Or, et nous voulons le répéter, chaque
participe présent, ainsi que l'attestent ces exemples,
amène une difficulté qui lui est propre, qui tient à
sa signification, une difficulté que le principe général
dont nous avons précédemment parlé est impuissant
à nous faire maîtriser.

Obéissant donc à la nécessité, nous avons formé
une liste de tous nos adjectifs verbaux, et déterminé
à la suite de chacun d'eux : 1° le cas où ils conser-
vent leur nature première de *verbe*, 2° et les motifs
qui les transforment en *adjectifs*. Ainsi quel que soit
le participe présent ou l'adjectif verbal sur la variabilité duquel on ait quelque doute, on trouvera la
difficulté résolue au mot même.

Toutefois, et avant de passer outre, il est bon que
nous présentions quelques considérations générales
qui, bien que n'ayant trait qu'aux cas les plus faciles,
méritent cependant qu'on s'y arrête.

11. Ainsi nous ferons remarquer que tout participe présent qui a un *régime* ou *complément direct* ne saurait varier, attendu qu'alors il est toujours *verbe*.

EXEMPLES. — *Ces faits* ACCABLANT *l'accusé, il ne sut que répondre.* — *Accablant* qui ? — L'accusé. Voilà le complément de *accablant* : or *accablant* est verbe et conséquemment invariable.

Comment défendre ces accusés en présence de tant de faits ACCABLANTS? Ici *accablant* est adjectif, parce qu'il qualifie les faits, parce qu'il les caractérise.

On fuit ceux qui se laissent aller à des propos OFFENSANTS, *à des procédés* BLESSANTS. Ici *offensants* et *blessants* sont des adjectifs qui qualifient les propos et les procédés, qui en expriment le caractère.

Ces jeunes gens ont aussi peu de procédés dans leurs rapports que peu de dignité dans le caractère : aujourd'hui vous les voyez fiers et hautains, OFFENSANT *et* BLESSANT *leurs amis mêmes ; demain vous les trouverez humbles et* RAMPANTS. — *Offensant et blessant* qui? — Leurs amis. Voilà le complément de *offensant* et de *blessant* : or *offensant* et *blessant* sont ici verbes et conséquemment invariables. — *Rampants* est variable, parce que c'est un adjectif qui qualifie, qui caractérise les jeunes gens.

Qui donc a répandu ces bruits alarmants, ces nouvelles DÉSESPÉRANTES ? — *Alarmants* et *désespérantes* sont deux adjectifs qui qualifient l'un les *bruits*, et l'autre les *nouvelles.*

Ces bruits ALARMANT *toute la population, ces nou-velles* DÉSESPÉRANT *tous les citoyens, il s'ensuivit un trouble qui paralysa tous les moyens de défense.*
—*Alarmant* qui? — La population.—*Désespérant* qui? —Les citoyens. Voilà le complément de *alarmant* et de *désespérant*: or *alarmant* et *désespérant* sont verbes et conséquemment invariables.

Cette contestation amena des propos CHOQUANTS, OFFENSANTS *même.* — *Choquants* et *offensants* sont des adjectifs qui qualifient, qui caractérisent les propos.

Riches et mal élevés, ces jeunes gens se montrent partout fiers et arrogants, CHOQUANT *celui-ci,* OFFENSANT *celui-là, et* MÉPRISANT *tout le monde.* — *Choquant* qui? — Celui - ci. Voilà le complément de *choquant.* — *Offensant* qui? — Celui-là. Voilà le complément de *offensant.* — *Méprisant* qui? — Tout le monde. Voilà le complément de *méprisant* : or *choquant, offensant* et *méprisant* sont verbes et par conséquent invariables.

A quoi bon ces propos INSULTANTS, HUMILIANTS, FLÉTRISSANTS *même, adressés à un homme si honora-ble? De tels procédés,* AFFLIGEANTS *pour tout le monde, sont* DÉSHONORANTS *pour leur auteur.* Ces trois mots, *insultants, humiliants, flétrissants* sont des adjectifs qui caractérisent *les propos.* Il en est de même de *affligeants* et de *déshonorants*, qui qualifient, qui caractérisent les procédés.

Ce sont de vrais spadassins, INSULTANT, HUMILIANT *tout le monde, et* FLÉTRISSANT *par la calomnie les hommes les plus estimables même.* — *Insultant, humiliant* qui ? — Tout le monde. Voilà le complément de *insultant* et de *humiliant*.—*Flétrissant* qui? — Les hommes. Voilà le complément de *flétrissant :* or *insultant, humiliant* et *flétrissant* sont verbes et conséquemment invariables.

12. Il est facile de maîtriser les difficultés semblables à celles qui viennent d'être exposées et résolues dans les exemples précédents ; en cela le complément vient merveilleusement en aide. Mais ce secours manque lorsqu'il s'agit de certains participes présents appartenant à des verbes neutres, et, comme tels, n'ayant pas un semblable complément.

La tourterelle ROUCOULANTE *est l'oiseau consacré à Vénus.* On se sert ici de l'adjectif *roucoulante*, parce qu'on veut caractériser la tourterelle par la faculté qui lui est propre de roucouler, abstraction faite de toute idée d'action.

Si, au contraire, j'avais à la représenter dans le moment où elle roucoule, je serais obligé de me servir du verbe et de dire comme ici :

La tourterelle ROUCOULANT *inspire un sentiment de tristesse.* C'est-à-dire, la tourterelle, quand elle roucoule.

De même on dirait, *à côté de la* BÊLANTE *brebis se voyaient les taureaux* MUGISSANTS *et la chèvre* GRIMPANTE. Ici *bêlante, mugissants* et *grimpante* sont des adjectifs qui peignent, qui caractérisent ces animaux par une faculté propre à chacun d'eux.

Mais il faudrait écrire ces mêmes mots invariables, s'ils exprimaient l'action de bêler, de mugir et de grimper.

Les brebis BÊLANT *attirent leurs agneaux.* C'est-à-dire, les brebis, quand elles bêlent, attirent leurs agneaux.

Les taureaux MUGISSANT *font retentir les échos d'alentour.* C'est-à-dire, les taureaux, quand ils mugissent.

Les chèvres GRIMPANT *sur les rochers inaccessibles aux autres animaux, y paissent en liberté.* C'est-à-dire, comme les chèvres grimpent, ou comme les chèvres peuvent grimper sur les rochers.

Dans cet endroit, les eaux BOUILLONNANTES du fleuve font que la navigation y est périlleuse. En s'exprimant ainsi, celui qui parle a l'intention de peindre la permanence d'un état, c'est-à-dire, le continuel bouillonnement des eaux.

Mais si, au lieu d'exprimer cet état habituel des eaux, on voulait nous en montrer le mouvement, l'agitation, il faudrait le verbe.

Dans cet endroit les eaux du fleuve BOUILLONNANT *font que la navigation y est périlleuse.* C'est-à-dire, la navigation est périlleuse dans cet endroit, parce que les eaux du fleuve sont en mouvement, s'y agitent, bouillonnent.

Cependant *bouillonnant* peut s'employer encore comme adjectif, alors même qu'il n'y aurait pas une telle permanence, une telle durée. Il suffirait, pour que l'emploi en fût justifié, que celui qui parle voulût peindre un état momentané.

Un malheur vint nous affliger dans notre traversée : notre capitaine, qui se tenait au-dessus de l'une des roues du navire, s'étant laissé tomber à la mer, disparut au milieu des eaux BOUILLONNANTES.

13. Faut-il écrire,

J'ai laissé vos enfants BRILLANTS OU BRILLANT *de santé?* — *Ces guerriers rentrèrent dans leur patrie* BRILLANTS OU BRILLANT *de gloire?* — *Vous avez des diamants* BRILLANTS OU BRILLANT *d'un éclat vif et pur?*

Dans les deux premiers exemples, il faut *brillants,* parce que c'est comme s'il y avait, *j'ai laissé vos enfants* BRILLANTS *sous le rapport de la santé,* BRILLANTS PAR *la santé.* — *Ces guerriers rentrèrent dans leur patrie* BRILLANTS PAR *la gloire.* En d'autres termes, c'est la santé qui rend les enfants brillants, et c'est la gloire qui rend tels les guerriers.

Dans le troisième exemple, *brillant* reste invariable, parce qu'il est verbe. Il est verbe, et non adjectif, parce que les diamants ne sont pas *brillants* PAR un éclat vif et pur, comme les enfants le sont *par* la santé, et les guerriers *par* la gloire. Au contraire, ce sont les diamants qui donnent cet éclat, qui produisent cet effet, et c'est là le caractère du verbe.

14. *La plupart des naufragés périrent de besoin sur cette plage déserte. Nous n'en trouvâmes plus que quelques-uns que nous emportâmes* EXPIRANTS *de misère,* MOURANTS *de faim.* La circonstance que l'on a à rendre ici, l'état, la situation que l'on a à exprimer, exige impérieusement *expirants, mourants,* ces adjectifs seuls pouvant nous montrer ces hommes au dernier soupir.

Ce serait différent, si l'on disait,

L'histoire nous apprend que d'innombrables peu-

plades, MOURANT *de faim dans les pays du Nord,* *fondirent sur les contrées méridionales.* Ici *mourant* est employé par exagération : il s'agit en effet non de gens qui en sont à leur dernier soupir, puisqu'ils se répandent violemment dans d'autres pays , mais seulement de gens pressés , agités par la faim ; en pareil cas, *mourants* dirait beaucoup trop.

Ces derniers exemples suffisent à prouver deux choses : 1° que pour embrasser les véritables difficultés des participes présents , il était, nous voulons le répéter, indispensable que chacun d'eux fût présenté et traité à part ; 2° et que rien n'est plus faux que cette règle reproduite dans bien des grammaires, que tout participe présent suivi d'une préposition est invariable ; sur ce dernier point, nous espérons donner des preuves nombreuses et inattaquables.

Un fait très-regrettable , ou plutôt funeste , c'est qu'en semblable matière les grammairiens se soient presque exclusivement appuyés de l'autorité des poëtes. Outre que la poésie semble excuser certaines licences, on n'a peut-être pas assez remarqué qu'en fait de participes présents, le manquement aux règles de la grammaire est presque une beauté poétique. Ce défaut de sagacité dans le choix des exemples n'a pas peu contribué à l'incertitude et à la confusion qui s'attachent à cette question déjà si difficile par elle-même.

Et pour montrer combien, sur cette matière , il règne d'incertitude jusque dans les meilleurs esprits mêmes, nous allons nous livrer ici à un examen cri-

tique de quelques phrases appartenant, les unes à
nos illustrations, les autres à nos célébrités littérai-
res; cette digression, du reste, sera un bon ensei-
gnement pour le lecteur. Nous avons jugé d'autant
plus important de le faire, que trop souvent des
grammairiens, renommés même, nous offrent, comme
exemples à suivre, des fautes contre lesquelles ils
eussent dû s'élever. Quelque prépondérante, en effet,
que soit l'autorité des grands écrivains (et ici nous
ne parlons guère que de nos poëtes), nous n'avons
pas pensé que ce fût une raison suffisante pour nous
interdire la faculté d'examen. En cela nous nous
sommes trouvé d'autant plus à l'aise qu'il n'est pas
un de ces grands noms qui, sur le point grammatical
qui nous occupe, ne donne le moyen de le combattre par lui-même.

Sans doute il eût été plus facile, et moins com-
promettant peut-être, d'esquiver cette difficulté; mais
d'une part, quelque délicate que soit cette partie de
notre tâche, nous l'aborderons franchement; et, de
l'autre, quelque respect que nous ayons pour les littérateurs auxquels nous allons reprocher quelques
erreurs grammaticales, nous en professons un plus
grand encore pour la vérité, et sentons en nous
plus de goût pour l'intérêt de la science.

EXAMEN CRITIQUE.

15. BRULANT. Faut-il, à l'exemple de Girault-
Duvivier, non-seulement approuver Racine d'avoir
rendu variable le participe présent *brûlant* dans les

vers qui suivent, mais encore s'appuyer sur de tels exemples pour établir des règles ?

Figure-toi, Pyrrhus, les yeux étincelants,
Entrant à la lueur de nos palais ÉRULANTS.

Avant de nous prononcer sur cette question, voyons d'abord comment ce grammairien nous explique qu'il faut *brûlants.* — « Ce mot *brûlants* qu'on peut, dit-il, facilement construire avec un des temps du verbe *être* précédé du relatif *qui,* et d'ailleurs désignant l'*état,* la *qualité,* et non suivi d'un régime, est évidemment adjectif verbal. »

Laissons passer cette rédaction, et faisons seulement remarquer que tout repose sur ce moyen mécanique, que quand on peut placer avant le mot en *ant* l'une de ces expressions *qui est, qui sont, qui était, qui étaient,* ce mot est, pour parler comme M. Girault-Duvivier, *évidemment* adjectif verbal.

Ce qui est beaucoup plus évident pour nous, c'est que, d'une part, le mot *brûlant* n'exprime ni la *qualité* ni l'*état* d'un palais, alors qu'on l'emploie pour marquer le *moment même* où ce palais brûle, le moment où il est en flamme ; et que, de l'autre, ce moyen mécanique, par cela seul qu'il est mécanique, ne prouve rien.

Non-seulement il ne prouve rien, mais encore il prouve contre lui-même, ainsi que l'attestent les exemples suivants. *Ces jeunes gens ne faisaient rien d'utile ; toute la journée on les voyait fumant, buvant ou jouant,* c'est-à-dire, QUI ÉTAIENT *fumant.*

buvant ou *jouant*. — *Là-bas je vois des hommes* CHASSANT *et* COURANT, c'est-à-dire, QUI SONT *chassant et courant.* — *Non loin de moi se trouvaient des villageois* CAUSANT, RIANT *et* CHANTANT, c'est-à-dire, QUI ÉTAIENT *causant*, QUI ÉTAIENT *riant*, QUI ÉTAIENT *chantant.* — *Quoique nous soyons rentrés d'assez bonne heure, nous les avons trouvés* DORMANT *et* RONFLANT, c'est-à-dire, QUI ÉTAIENT *dormant*, QUI ÉTAIENT *ronflant*, etc., etc.

Par ces exemples, on voit que *fumant*, *buvant*, *jouant*, *chassant*, *courant*, *riant*, *chantant*, *dormant*, *ronflant*, bien qu'ils puissent se construire avec les mots *qui sont*, *qui étaient*, n'en restent pas moins participes présents, c'est-à-dire invariables : nous réprouverons donc le moyen donné par Girault-Duvivier.

Qu'après m'avoir dit la raison logique d'un fait, on me donne un moyen mécanique qui facilite et accélère l'application du principe, rien de mieux ; mais qu'à défaut de motifs logiques, on ne me donne qu'un procédé mécanique, je le repousse, parce qu'alors il injurie ma raison, quand encore il ne trompe pas ma croyance.

16. Pour nous, il est indubitable que *brûlant* est verbe et conséquemment invariable toutes les fois qu'il se dit d'une chose qui brûle, nous voulons dire *qui est en flamme ;* nous allons le prouver de deux manières.

1° C'est que dans l'application qu'en a faite Racine, *brûlant* ne marque nullement l'*état*, la *qualité*, comme le prétend Girault-Duvivier, mais bien une *action* qui s'accomplit. En effet, quand ce poëte dit que

Pyrrhus entre A LA LUEUR *de palais* BRULANTS, il représente les palais en flamme, il parle d'une action non accomplie, mais qui s'accomplit, puisqu'il nous montre la lueur que produit cet incendie : or *brûlant* est verbe et non adjectif, et Racine a péché contre la grammaire.

Je dirai de même : *Hier lorsque je sortis de chez moi, je laissai par inadvertance deux bougies* BRULANT, et non je laissai *deux bougies* BRULANTES. — *Quoique bien éloigné du théâtre de l'incendie, j'aperçus ma maison* BRULANT *et non brûlante.*

Une seconde preuve plus saisissante encore et pour ainsi dire palpable, c'est que *brûlant* n'est adjectif que lorsque c'est à l'aide du tact, du toucher, que nous reconnaissons qu'une chose est en effet brûlante. Par exemple, après avoir mis la main dans de l'eau plus que chaude, je dirai que je l'ai trouvée *brûlante.* Nous disons de même , *je ne puis encore manger ma soupe, tellement je la trouve* BRULANTE. — *Les murs d'une maison incendiée restent quelque temps* BRULANTS. — *Cet enfant a la fièvre, car il a les mains* BRULANTES , *la tête* BRULANTE. Dans tous ces cas, *brûlant* est adjectif, parce qu'il exprime l'*état ;* et dans tous ces cas aussi , c'est *le toucher,* et non *la vue* qui nous donne la certitude que tels et tels objets sont brûlants.

Au figuré, on dit aussi *cœur* BRULANT, *âme* BRULANTE, *style* BRULANT, pour dire *ardent, plein de feu.*

17. AGISSSANT. Est-ce bien sûr qu'il faille de tous points être de l'avis de la Harpe sur le mot *agissant?* Voici ce que, dans sa dissertation sur le participe présent (car ce grand maître s'est aussi occupé de cette question), voici, disons-nous, ce que la Harpe dit du mot *agissant.*

« *L'âme* AGISSANT *sur le corps, il en faut conclure que,* etc... *Agissant* n'exprimant qu'une action est ici participe. *L'âme* AGISSANTE serait une faute grossière. Pourquoi? c'est que *agissant,* adjectif verbal, ne signifie qu'une habitude : *c'est un homme* AGISSANT, *c'est une tête toujours* AGISSANTE, pour dire, c'est un homme qui a l'habitude d'agir, une tête qui a l'habitude de penser. »

Jusqu'ici la question est fort simple. Mais la Harpe ajoute :

« On dirait très-bien,

» *L'air est une force* AGISSANTE *sur les corps les plus solides,* AGISSANTE dans tous les sens, AGISSANTE *par sa nature.* »

C'est ici que nous ne partageons pas son avis. Avant de dire nos raisons, nous ferons remarquer que l'ordre, la place des mots (nous n'osons dire l'art avec lequel ils sont classés, car nous ne voyons là qu'une méprise) semble attester que la Harpe lui-même n'était pas bien sûr de la régularité grammaticale de ces expressions, *une force* AGISSANTE *sur les corps,* AGISSANTE *dans tous les sens.* En effet, il les place les premiers, et finit par ceux-ci, AGISSANTE *par sa nature,* lesquels sont inattaquables, et qui paraissent n'être là que pour faire passer les premiers. Effectivement, par ces mots, *l'air est une force* AGISSANTE *de sa nature*, la Harpe qualifie l'air et nous le montre comme étant de sa nature, non une force *inerte*, mais une force *agissante ;* il caractérise l'air par une de ses facultés, par une de ses propriétés distinctives : là, sans nul doute, *agissante* est adjectif.

Mais, pour le redire encore, sitôt qu'il me montre l'air, non pour le qualifier, non pour le caractériser par quelqu'une de ses propriétés, mais bien comme une force qui agit, comme un être qui opère, comme un agent dont l'action se fait sentir sur les corps les plus solides même, c'est là du mouvement, c'est là de l'action, c'est là le verbe.

Nous dirons donc,

L'air est une force AGISSANTE *par sa nature*, AGISSANT *sur les corps les plus solides même*, AGISSANT *dans tous les sens*. Et nous traduirons ainsi cette phrase : *l'air est une force par elle-même* AGISSANTE, *une force* QUI AGIT *sur les corps les plus solides même, une force* QUI AGIT *dans tous les sens.*

Nous dirons de même, *on représente l'air comme une force* AGISSANT *sur tous les corps*, c'est-à-dire, *comme une force qui exerce son action sur les corps.*

Malgré ce que nous venons de dire, et pour convaincre complétement nos lecteurs, nous ferons ici un exemple de tous points analogue à celui que nous venons d'attaquer.

Demandons-nous donc si, parce qu'on dit *une chèvre grimpante*, on peut dire également GRIMPANTE *dans tous les lieux*, GRIMPANTE *sur les rochers les plus escarpés*. Par exemple, tout serait-il bon dans cette phrase , *les chèvres sont des animaux* GRIMPANTS *sur les rochers les plus escarpés* , GRIMPANTS *dans tous les lieux* , GRIMPANTS *de leur nature?* Indubitablement non. Si *grimpant* est incontestablement adjectif dans GRIMPANTS *de leur nature*, attendu qu'il marque une qualité inhérente aux chèvres, une qualité qui leur est naturelle , il est non moins incontestable que *grimpant* est verbe dans GRIMPANT *sur les rochers* et dans GRIMPANT *en tous lieux*, attendu qu'ici, comme dans l'exemple de la Harpe, il n'est plus question de *qualité* , de signe distinctif , mais d'*action.*

18. **EXPIRANT**. A propos de ce participe présent, nous rapporterons ici trois exemples que Girault-Duvivier nous offre pour modèles , et les raisons dont il les appuie. Ces exemples sont pris dans Voltaire.

> *Nos pères, nos enfants , nos filles et nos femmes,*
> *Au pied de nos autels , EXPIRANT dans les flammes.*

« *Expirant,* nous dit ce grammairien, est un mot en *ant* que, par l'analyse, on considère ici comme participe présent. -- *Nos pères, nos femmes* EXPIRANT, cela veut dire *qui expirent*. Puis il ajoute, *expirant* emportant l'idée de la perte de l'existence, prend la nature du verbe. »

Ainsi le principe est tout dans ces bien singuliers mots, EXPIRANT *emportant l'idée de la perte de l'existence , prend la nature du verbe.* Or si cela était exact, on ne pourrait employer *expirant* comme adjectif dans la phrase suivante : *cette malheureuse femme s'étant laissé écraser par une voiture, nous la relevâmes* EXPIRANTE. Ici *expirante* est de rigueur, et pourtant, d'après le principe ci-dessus , il faudrait dire *expirant*, puisqu'il s'agit de la perte de l'existence : n'ayons donc pas une très-grande foi dans le principe de Girault-Duvivier.

Du reste, on peut penser qu'il n'y croyait guère lui-même, puisque, deux pages plus loin, il se donne le démenti en nous présentant toujours pour modèles les deux exemples suivants, qu'il emprunte encore à Voltaire :

Songe aux cris des vainqueurs, songe aux cris des mourants,
Dans la flamme étouffés, sous le fer EXPIRANTS.

Je vis nos ennemis vaincus et renversés
Sous nos coups EXPIRANTS, *devant nous dispersés.*

Ici, bien qu'il s'agisse de la perte de l'existence, voilà que, désertant son premier principe, Girault-Duvivier nous en fait un second, puisqu'il nous dit : « Dans ces vers, *expirant* désignant un état, une manière d'être, une qualité, et non une action, est adjectif. »

Nous ne prendrons pas la peine de rechercher s'il est vrai que *expirant* marque ici l'*état*, la *qualité*; nous nous contenterons de faire remarquer qu'il suivrait de là 1° qu'en disant

EXPIRANT *dans les flammes*, le mot *expirant* serait verbe, et par conséquent *invariable;*

2° et que si l'on disait,

EXPIRANT *sous le fer*,

EXPIRANT *sous des coups*, le mot *expirant* serait adjectif, et conséquemment variable : telle est du moins la doctrine de Girault-Duvivier.

Mais une telle conséquence blesse notre raison, et

2

nous ne saurions voir qu'une seule et même circonstance dans ces trois exemples .

Des hommes EXPIRANT *dans les flammes,*
Des hommes EXPIRANT *sous le fer,*
Des hommes EXPIRANT *sous nos coups.*

Essayons de faire partager notre opinion.

Etablissons d'abord (et ici est plus de la moitié de la question) que *expirant*, adjectif, signifie qui est près d'expirer, qui est dans *un état* voisin de la mort, dans la situation d'un moribond.

Hier encore l'état de nos pauvres amis nous laissait quelque espoir, *aujourd'hui nous les avons trouvés* EXPIRANTS , c'est-à-dire rendant le dernier soupir.

Après sa chute, *cette malheureuse femme fut relevée* EXPIRANTE , c'est-à-dire rendant le dernier soupir.

> *Qu'il efface ma honte, et que mes yeux mourants*
> *Contemplent deux ingrats à mes pieds* EXPIRANTS.
> VOLTAIRE, dans Zulime.

Ici *expirants* signifiant *rendant le dernier soupir*, est régulièrement employé comme adjectif.

Mais *expirant* est verbe et conséquemment invariable, toutes les fois qu'il est suivi d'une expression *énonçant l'objet qui donne la mort*, comme quand on dit,

EXPIRANT sous le *fer*,
EXPIRANT dans les *flammes*,
EXPIRANT sous nos *coups*.

En pareil cas, *expirer* est employé pour *périr*, *mourir*. En effet, *des hommes* EXPIRANT *sous le fer*, *des hommes* EXPIRANT *dans les flammes*, ne sont nullement des hommes *déjà à l'état de moribonds*, mais des hommes *pleins de vie*, périssant, mourant par le fer, par le feu. De même, *des personnes* EXPIRANT *sous nos coups*, ne sont nullement des personnes *déjà expirantes*, et encore moins des personnes *expirantes sous nos coups*, mais des gens *pleins d'ardeur* que nos coups tuent, qui périssent, qui tombent sous nos coups.

Dans tout cas analogue, *expirant* n'exprime nullement un *état* comme on nous le dit, ne représente nullement des êtres dans la *situation* de moribonds, mais une *action* qui donne violemment la mort à des gens *bien portants*.

Il en est de même quand je dis,

Ces criminels qu'une sentence a frappés de la peine capitale, je les ai vus EXPIRANT *de la main du bourreau.* Dans cet exemple encore, où il existe une analogie parfaite avec ceux que nous venons d'attaquer, il ne s'agit pas d'un *état*, mais d'une *action.* Celui qui parle ne veut ni ne peut, en s'exprimant ainsi, nous dire qu'il a vu les criminels à l'état de moribonds, rendant le dernier soupir, mais bien qu'il les a vus périr, qu'il les a vu supplicier. Encore une fois, il ne peint point un *état*, il raconte un *fait*, une *action.*

Or si Voltaire a eu raison d'écrire,

Nos enfants EXPIRANT *dans les flammes*,

Il a péché contre la grammaire en écrivant,

Des hommes EXPIRANTS *sous le fer*,

Des ennemis EXPIRANTS *sous nos coups;* dans ces

deux derniers exemples, *expirant* est verbe et non adjectif.

Mais que penser des grammairiens qui, à l'imitation de Girault-Duvivier, se servent de tels exemples pour établir leurs règles? et quelle confiance méritent ces règles? Voilà, quant aux cas épineux, où nous en sommes encore aujourd'hui relativement à cette question du participe présent.

19. RONFLANT.

Des laquais étendus, RONFLANTS sur le plancher.
VOLTAIRE, la Femme qui a raison.

L'Académie ne fait ce mot adjectif, que lorsqu'il s'applique aux choses ; alors il signifie *sonore : instrument* RONFLANT, *voix* RONFLANTE, *style* RONFLANT, *phrase* RONFLANTE, *vers* RONFLANTS. — Au figuré, *promesses* RONFLANTES, c'est-à-dire grandes et vaines.

Ronflant, appliqué aux personnes, ne peut être que verbe : *des laquais* RONFLANT sont des laquais qui ronflent, qui font l'action de ronfler; l'esprit se refuse à voir là un état; aussi n'hésitons-nous pas à condamner l'emploi qu'en a fait Voltaire comme adjectif; nous doutons même que ce grand homme eût dit,

Des femmes fatiguées RONFLANTES *sur le plancher.*

20. INSPIRANT.

Adieu, mystérieux ombrage,
Sombre fraîcheur, calme INSPIRANT,
Mère de Dieu, de qui l'image
Consacre ce vieux tronc mourant.
CASIMIR DELAVIGNE.

L'emploi de *inspirant* comme adjectif est-il régulier? On n'en trouve pas d'exemple dans l'Académie ; et bien qu'il soit de la nature du calme de faire naître, de provoquer les inspirations , nous ne pensons pas que cela autorise à dire que le calme *est inspirant ;* aussi, tout en convenant du bon effet que ce mot produit ici, oserons-nous dire que c'est là un abus.

Pour qu'il fût régulier d'employer *inspirant* comme adjectif, il faudrait qu'on pût le dire au féminin. Or nous doutons que le poëte qui a dit *calme inspirant*, eût osé dire la vue *inspirante* de la mer, les forêts *inspirantes*, etc.

21. FUYANT.

Adieu, flots dont le cours tranquille,
Couvert de berceaux verdoyants,
A ma nacelle d'île en île
Ouvrait mille sentiers FUYANTS.

CASIMIR DELAVIGNE.

Faisons d'abord remarquer que *fuyant* n'est adjectif qu'employé comme terme de peinture ; il se dit alors de tout ce qui, comparé à un autre objet, paraît s'enfoncer dans le tableau : *les parties* FUYANTES *d'un tableau.*

Or *fuyants*, dans les vers que nous venons de citer, est un abus deux fois blâmable : 1° alors même que cette expression serait permise hors le cas de peinture, et que le poëte encore eût voulu peindre cette espèce de léger sillage que laisse sur l'eau le passage d'une nacelle même , ces sentiers, ce sillage s'étend si peu qu'on ne pourrait dire de son extrémité la plus reculée que c'est une *partie fuyante.*

De plus, ce n'est pas là la pensée du poëte, puisqu'il dit que le cours des flots ouvre à sa nacelle MILLE *sentiers fuyants*, c'est-à-dire mille passages divers, mille détours, mille circuits qui le dérobent à la vue. Et c'est là 2° ce qu'on ne saurait exprimer par l'adjectif *fuyant*; ce serait autoriser à dire d'allées, de chemins, d'une route qui tournent, que ce sont *des allées fuyantes*, *des chemins fuyants*, *une route fuyante*, ce qui est évidemment condamnable, attendu que *fuir* ce n'est pas *tourner*, *se cacher* ou *se dérober* en faisant quelques circuits, quelques détours, mais *s'éloigner*, gagner un lieu lointain, abstraction faite de toute idée de détour.

22. DORMANT.

Et déjà sous les flots agités ou DORMANTS
S'abaisse et disparait la côte des Normands.

M. BARTHÉLEMY.

Par ce mot *dormants*, l'auteur veut exprimer le calme momentané des eaux de la mer. Mais cela ne peut pas plus se dire ainsi, qu'on ne peut dire de personnes qui dorment que ce sont des personnes *dormantes*.

Dormant ne peut s'employer comme adjectif que pour se dire de certaines choses qui restent arrêtées ou fixées à quelque endroit. *Les eaux des fossés, des étangs, des marais sont des eaux* DORMANTES. Ici *eaux dormantes* se dit par opposition à *eaux courantes*. — *Châssis dormant*, *pêne dormant*, c'est-à-dire châssis qui demeure fixé, pêne qui ne peut s'ouvrir ni se fermer qu'avec la clef.

Toutefois nous pensons que *dormant* est encore

régulièrement employé comme adjectif quand on s'en sert pour caractériser certains animaux dont une partie de la vie se passe à dormir.

Au retour de la belle saison, la DORMANTE *marmotte quitte ses souterrains.* Ici on qualifie la marmotte, on la caractérise par la faculté qui lui est propre de dormir. Or *dormant* est adjectif.

Mais cet adjectif ne peut plus me servir, si j'ai à parler du moment même où la marmotte dort ; dans ce cas *dormant* est verbe et conséquemment invariable.

Au milieu de l'hiver, et par suite de fouilles pratiquées dans les Alpes, on a quelquefois pris des marmottes DORMANT. Ici il faut *dormant* et non *dormantes*, parce qu'il s'agit, non de caractériser les marmottes par une faculté qui leur est naturelle, mais d'exprimer le fait de dormir, le moment même où elles dorment.

23. **SIFFLANT** n'est adjectif que quand on l'emploie pour établir une certaine distinction entre des choses d'ailleurs de même nature. On dit *phrase sifflante, vers sifflants, respiration sifflante, poitrine sifflante, voix sifflante, prononciation sifflante, consonnes sifflantes*, pour les distinguer d'autres phrases, d'autres vers, etc., qui ne sifflent pas : *ces messieurs se sont cherché chicane, est une phrase* SIFFLANTE. Mais hors ces cas, *sifflant* est verbe et par conséquent invariable.

Il faut donc blâmer encore M. Barthélemy de l'avoir employé comme adjectif dans les vers suivants :

Un informe chaos . . . .
De chars enchevêtrés entre les fouets sifflants,
De chevaux dont la peur éperonne les flancs.

Ici l'auteur parle de l'embarras qui règne dans les rues de Londres, embarras causé par le grand nombre de voitures qui y circulent. Puis, pour exprimer le sifflement produit par un fouet lorsqu'on en cingle un cheval, il s'est servi de ces termes : *les fouets sifflants.*

En cela l'auteur a commis une double faute : 1° parce que *sifflant* n'est adjectif que dans les circonstances que nous venons de signaler, 2° et parce que dans le cas même où, cédant à trop de hardiesse, il eût voulu, par ce mot *sifflant*, caractériser les fouets comme on caractérise la brebis par le mot *bêlante*, dans ce cas même, disons-nous, *sifflant*, adjectif, serait irrégulièrement employé, attendu que, dans la circonstance dont il parle, il s'agit d'une *action*, d'un sifflement produit par les fouets.

Nous bornerons à ce petit nombre d'exemples cet examen critique que nous eussions pu prolonger de manière à produire un gros volume, tellement les fautes contre les règles du participe présent abondent dans nos auteurs les plus distingués même.

Mais, avant de reprendre la question dans son ensemble, nous avons cru devoir présenter en une catégorie distincte neuf de nos participes présents, lesquels sont de ceux qui laissent le plus de doute. Nous allons établir à leur égard, et ici même, un principe qui, pour être nouveau, n'en est pas moins fondé sur des raisons que nous croyons inattaquables.

Ces participes présents sont

24. CHANCELANT *dans, sur,* **ÉCUMANT** *de,*
FRÉMISSANT *de,* **FUMANT** *de,* **HALETANT** *de,* **PAL
PITANT** *de,* **TREMBLANT** *de,* **TRESSAILLANT**
de, **VACILLANT** *sur, dans.*

Faut-il écrire

Nous rencontrâmes ces enfants TREMBLANTS *de
froid* ou bien TREMBLANT *de froid?*

Nous trouvâmes ces dames TRESSAILLANTES *de
joie* ou bien TRESSAILLANT *de joie?*

Nous les avons laissés PALPITANTS *de crainte et
d'espérance* ou bien PALPITANT *de crainte et d'espérance,* etc., etc.

Avant de répondre à ces questions, nous allons
dire les considérations qui, sur ce point, ont servi
à fixer notre opinion.

De même qu'il y a des verbes que nous conjuguons
assez indifféremment avec *avoir* ou avec *être*, de
même nous avons quelques participes qui, suivant
nous, et selon les vues de l'esprit, peuvent assez indifféremment aussi, s'écrire *variables* ou *invariables*. Cette considération, à laquelle nous ne sachions
pas qu'on se soit jamais arrêté, va beaucoup contribuer à nous faire résoudre certaines difficultés jusqu'ici d'autant plus embarrassantes que, bien qu'elles
exigent un examen et même une règle à part, on n'a,
pour les combattre, que les ressources impuissantes
du principe général.

Parmi les verbes qui se conjuguent assez indifféremment avec *avoir* ou avec *être*, nous citerons *croître*, *décroître*, *dégénérer*, *expirer*, *vieillir*, *cesser*, *déchoir*, *échoir*, *empirer*, *expirer*.

Quand on dit, *la rivière* A CRU *d'un mètre*, on fait entendre que le niveau de l'eau s'est porté d'un point à un point plus élevé: il y a donc là une action qui justifie l'emploi du verbe *avoir* (1). Et si l'on dit, *la rivière* EST CRUE *d'un mètre*, on signale une augmentation de l'eau, on parle d'un fait accompli, abstraction faite de toute idée d'action.

De même on dit, *cette race* A BIEN DÉGÉNÉRÉ, pour faire entendre qu'elle a passé d'un état plus avantageux à un état moins avantageux: là aussi il y a une action qui justifie l'emploi de l'auxiliaire *avoir* ; et *cette race* EST *bien* DÉGÉNÉRÉE, pour parler d'un fait accompli, d'un état actuel, abstraction faite de toute idée d'action.

Eh bien, si, à l'égard de ces verbes, on eût posé ce principe absolu qu'ils doivent se conjuguer exclusivement avec *avoir*, on en eût limité ou plutôt faussé l'emploi, puisqu'alors ils n'eussent exprimé qu'une idée de mouvement. En les conjuguant aussi avec *être*, on a cédé à la force de la vérité, attendu que, dans ce qu'ils expriment, l'esprit peut apercevoir, soit la transition d'un état à un autre, c'est-à-dire l'*action*, soit un fait accompli, c'est-à-dire l'*état* : en cela on a été conséquent, on a été logique.

---

(1) On sait que l'auxiliaire *avoir* sert à marquer l'action, et l'auxiliaire *être*, l'état.

Pourquoi donc déserterions-nous cette voie de la vérité, cette voie de la raison à propos de certains participes présents? Pourquoi, lorsqu'il est absolument indifférent pour le cas qu'ils peignent, de l'exprimer par du *mouvement* ou par un *état*, ne pas les écrire facultativement, c'est-à-dire, ne pas laisser à l'esprit la faculté de rendre ce qui le frappe soit sous l'un, soit sous l'autre de ces deux points de vue? Est-il bien, est-il rationnel, quand surtout il y a simultanément *action* et *état* dans le fait à exprimer, de me forcer à représenter du *mouvement* plutôt qu'une *situation*, quand il n'y a pas à invoquer pour l'un une seule raison qu'on ne puisse aussi invoquer pour l'autre?

Nous considérerons donc indifféremment comme *verbes* ou comme *adjectifs* les participes présents *tremblant*, *tressaillant* et *palpitant* des exemples qui précèdent, c'est-à-dire que nous écrirons indifféremment, *nous rencontrâmes ces enfants* TREMBLANTS *de froid* ou TREMBLANT *de froid.* — *Nous trouvâmes ces dames* TRESSAILLANTES *de joie*, ou TRESSAILLANT *de joie.* — *Nous les avons laissés* PALPITANTS ou PALPITANT *de crainte et d'espérance.*

Que s'il se rencontre quelqu'un qui conteste cette doctrine, nous le prions, avant tout, de nous dire quelle différence il y a entre

Des enfants qui TREMBLENT *de froid*, et *des enfants qui sont* TREMBLANTS *de froid.*

Bien évidemment il n'y en a aucune, bien évidemment il n'existe entre ces deux manières de s'exprimer nulle autre différence que celle qu'il y a entre

La rivière A CRU *d'un mètre*, et la rivière EST CRUE d'un mètre : or il est indifférent de se servir de l'une ou de l'autre.

De même nous écrirons indifféremment,

Nous trouvâmes ces dames TRESSAILLANT *de joie* ou bien TRESSAILLANTES *de joie*. En mettant TRESSAILLANT *de joie*, c'est comme si nous disions *qui tressaillaient* de joie ; en mettant *tressaillantes* de joie, c'est comme s'il y avait *qui étaient tressaillantes* de joie. Or, comme ces deux expressions peignent le cas au même degré de vérité, nous nous servirons indistinctement de l'une ou de l'autre.

Et quand, dans le troisième exemple, nous écrivons,

Nous les avons laissés PALPITANTS OU PALPITANT *de crainte et d'espérance*, l'adjectif *palpitants* et le participe présent *palpitant* peignent encore le cas à un égal degré de vérité : par l'adjectif *palpitants*, on exprime l'*état*, on dit *qu'ils étaient palpitants ;* par le participe présent *palpitant*, on exprime le *mouvement* on dit *qu'ils palpitaient :* dans les deux cas on est dans le vrai, dans les deux cas on dit la chose.

Ainsi que nous l'avons fait remarquer, il y a une analogie parfaite et même identité de circonstances entre

Cette race A *bien dégénéré* ou EST *bien* DÉGÉNÉRÉE. — *Cette femme* A *bien* VIEILLI ou EST *bien* VIEILLIE, etc.

Et entre

Nous rencontrâmes ces enfants TREMBLANT *de froid* ou TREMBLANTS *de froid ; — Nous trouvâmes ces dames* TRESSAILLANT *de joie* ou TRESSAILLANTES *de joie.*

Par identité de circonstances, nous voulons dire que, dans les uns et dans les autres de ces exemples, les circonstances sont telles que, 1° on peut y voir du *mouvement* ou un *état*, 2° et que ces circonstances sont également bien rendues, soit qu'on les exprime sous le point de vue du *mouvement*, ou sous le point de vue de l'*état :* d'où nous concluons que, dans tout cas analogue, il est indifférent aussi de se servir du participe présent, qui marque le mouvement, ou de l'adjectif, qui marque la situation.

De tous nos participes présents nous pensons que les neuf que nous avons cités page 33 sont les seuls qui tombent dans le cas que nous venons de signaler, nous voulons dire les seuls qui, lorsqu'ils sont suivis d'une préposition surtout, aient une signification telle, qu'il est indifférent de les écrire soit comme verbes, c'est-à-dire invariables, soit comme adjectifs, c'est-à-dire variables.

CHANCELANT, VACILLANT.

Nous écrirons donc encore,

Quoiqu'ils eussent pris fort peu de vin pur, ils se levèrent CHANCELANT ou CHANCELANTS. — *Nous les rencontrâmes* VACILLANT *dans leur démarche*, ou VACILLANTS *dans leur démarche*, CHANCELANT *sur leurs jambes* ou CHANCELANTS *sur leurs jambes.*

Au figuré, cependant, et tant au sens physique qu'au sens moral, *vacillant* et *chancelant* sont toujours adjectifs. *Ces dames ne sont pas encore complétement convaincues de la nécessité de prendre un parti, nous les avons trouvées* VACILLANTES, CHANCELANTES, *c'est-à-dire n'ayant d'opinion fixe ni pour ni contre ce qu'on leur propose.* — *Les princes mous et incapables n'ont qu'une autorité* CHANCELANTE, *ne laissent que des trônes* VACILLANTS, CHANCELANTS. — *Ces témoins se sont montrés* VACILLANTS *dans leurs dépositions.*

BOUILLANT, ÉCUMANT.

Près d'eux étaient leurs coursiers ÉCUMANT, BOUILLANT *d'impatience*, ou ÉCUMANTS, BOUILLANTS *d'impatience.*

Au figuré, on dit poétiquement, et seulement avec l'adjectif, *la mer écumante, les vagues écumantes*, c'est-à-dire couvertes d'écume, blanches d'écume.

FRÉMISSANT. —*Nous laissâmes ces dames* FRÉMISSANT *de dépit*, ou FRÉMISSANTES *de dépit*, FRÉMISSANT *de joie* ou FRÉMISSANTES *de joie.*

FUMANT. — *Lorsque je visitai l'Italie, le Vésuve ni l'Etna n'étaient en éruption, mais je les vis* FUMANT ou FUMANTS. — *Il n'y avait dans son feu que quelques tisons* FUMANT ou FUMANTS. Mais *fumant*, employé comme verbe actif, est toujours invariable: *nous les avons trouvés buvant et* FUMANT. — *Je les ai vus qui étaient* FUMANT, c'est-à-dire qui fumaient.

HALETANT, PALPITANT.

Ils approchèrent de nous PALPITANT *de joie* ou PALPITANTS *de joie*, HALETANT *de colère* ou HALETANTS *de colère.*

Ce n'est pas cependant que quelques circonstances extrêmes, ou simplement sortant de l'ordinaire, n'amènent des cas exceptionnels où 1° il faut *exclusivement* le participe présent, et 2° d'autres cas encore où, sans proscrire précisément et absolument l'adjectif, on doit donner *la préférence* au participe présent.

1° Il faut exclusivement le verbe, quand il s'agit de l'instant même où les circonstances naissent, se produisent, éclatent.

Par exemple, je suppose que, pour échapper aux fureurs d'une soldatesque effrénée, une mère se soit cachée avec ses enfants en quelque lieu, et que des hommes en armes l'ayant découverte, voulussent rendre l'impression produite par leur présence sur cette femme, ils devraient dire :

A notre vue, cette mère s'élança vers nous les yeux hagards et TREMBLANT *de frayeur;* je me sers du participe présent *tremblant* et non de l'adjectif *tremblante*, parce que ces hommes armés étant aux yeux de la mère comme l'image de la mort, il en résulte immédiatement une surexcitation, un transport qui ne peut être rendu avec vérité que par le verbe. En disant *tremblante*, outre qu'on n'exprimerait pas l'exaltation du sentiment que l'imminence d'un tel danger fait soudainement naître, on ne rendrait pas ce mouvement qui fait passer la mère d'une situation à une autre ; ce serait rester au-dessous de la vérité, et non-seulement amoindrir le fait, mais encore le mal peindre.

NOTA. *Tremblant* ne saurait être qu'adjectif dans *tête* TREM-

BLANTE, *voix* TREMBLANTE, parce qu'ici il exprime un état constant.

AUTRE EXEMPLE. — *Jusque-là il était resté calme; mais à cette parole outrageante, ses yeux* BRILLANT *ou plutôt* ÉTINCELANT *annoncèrent l'agitation de son esprit.* Ici encore il faut *exclusivement* le verbe, parce qu'il ne s'agit ni d'un *état ordinaire*, ni d'un *état déjà existant*, mais de la transition d'un *état* à un *fait* qui se produit, qui éclate.

De là il résulte que, dans certaines circonstances, il est mieux de dire *une personne* ÉCUMANT *de rage*, et dans d'autres circonstances, *une personne* ÉCUMANTE *de rage*.

On dira *une personne* ÉCUMANT *de rage*, si l'on a à peindre soit le moment où la fureur naît et éclate, soit le moment où elle est le plus exaltée ; et *une personne* ÉCUMANTE *de rage*, si, le moment de l'exaltation étant passé, on n'a qu'à exprimer l'état qui le suit.

A son emportement, à sa colère succéda une fureur telle, que bientôt ÉCUMANT *de rage, elle eût déchiré son propre sein, si on ne l'en eût empêchée.* Ici c'est un sentiment qui naît, qui éclate, qui cause de l'agitation, or c'est le verbe.

J'ignore ce qui avait ainsi agité cette femme; mais quand j'entrai chez elle, je la trouvai ÉCUMANT *de rage.* Ici j'emploie de *préférence* le participe présent, parce que, sans avoir été témoin de la transition du calme à l'agitation, je tiens à faire entendre que cette agitation durait encore, qu'elle existait dans son énergie à mon entrée.

Mais je dirais en faisant *écumant* adjectif, *après avoir cruellement exercé sa vengeance, elle eut le courage de rester assise près de sa victime; c'est ainsi qu'on la trouva encore* ÉCUMANTE *de rage.* Ici je n'ai à peindre ni un fait à l'instant qu'il éclate, ni un transport dans sa puissance, dans son énergie, mais un sentiment affaibli, un *état* qui présage le retour au calme.

On dira donc encore, *au moment où, selon leur coutume, ces officiers entraînaient leurs soldats au combat, ils furent atteints l'un et l'autre: nous les vîmes* CHANCELANT *sur leurs chevaux, puis tomber et périr.* Ici je n'ai plus la liberté du choix entre le verbe et l'adjectif, parce que j'ai à rendre non un état déjà existant, mais une action que je vois naître, un fait qui se produit.

Mais je dirais, en faisant *chancelant* indifféremment verbe ou adjectif, *plusieurs soldats étourdis par des boissons spiritueuses se tenaient* CHANCELANT ou CHANCELANTS *sur leurs chevaux.* Ici j'ai la liberté du choix entre *chancelant*, verbe, et *chancelants*, adjectif, parce qu'il s'agit d'une circonstance mixte, c'est-à-dire représentant du mouvement, puisque les soldats chancelaient, et aussi un état, puisqu'une telle situation a eu de la durée.

Nous les trouvâmes TREMBLANT *de tous leurs membres.* Ces mots *de tous leurs membres* peignent un cas sinon extrême, du moins qui sort de l'ordinaire, et cela me suffit pour donner la préférence au verbe.

Dans les exemples qui précèdent, les cas sont classés, sont déterminés par les circonstances accessoires ; c'est par elles que nous distinguons s'il y a transition d'un état à un autre, c'est-à-dire *action*, ou simplement permanence dans telle situation, c'est-à-dire *état* ; aussi est-il facile d'appliquer le principe, soit que nous soyons nous-mêmes les narrateurs des faits, ou qu'ils nous soient narrés par d'autres.

Mais ce moyen d'appréciation manque quand le fait est rapporté sans circonstances accessoires ; et c'est ici surtout qu'il importe d'appliquer la règle, attendu que, pour faire comprendre sa pensée, on n'a d'autre ressource que la variabilité ou l'invariabilité du participe présent.

Que, par exemple, je dise, *en entrant chez cette femme, je l'ai trouvée* BOUILLANT *de colère*, par cela seul que je dis *bouillant*, et non *bouillante*, on doit entendre que je parle de l'instant où la colère de cette femme était à son plus haut degré d'exaltation ; et si, au contraire, je n'avais à exprimer que l'émotion vive encore qui suit cette exaltation, je dirais *bouillante* de colère.

25. *Remarque.* — Si ces mêmes participes présents, *chancelant, écumant, frémissant, fumant, haletant, palpitant, tremblant, tressaillant, vacillant*, sont employés étant précédés du verbe *être*, on ne peut plus les écrire indifféremment variables ou invariables : par cela seul qu'à tort ou à raison celui qui parle les emploie avec *être*, il les fait adjectifs : *ces hommes commencent à* ÊTRE CHANCELANTS *sur leurs jambes, et* VACILLANTS *dans leur démarche. — Quand nous les vîmes, ils étaient* HALE-

TANTS, PALPITANTS, TREMBLANTS, TRESSAILLANTS, FRÉMISSANTS.

Nous pensons que ces développements préliminaires auront pénétré le lecteur de l'esprit des règles du participe présent. Cependant, et pour mettre ces règles sous un même coup d'œil, nous allons les lui rappeler ici en les faisant suivre de quelques autres remarques essentielles.

PREMIÈRE RÈGLE.

26. Tout participe présent qui a un *régime direct* ne saurait varier, attendu qu'alors il est toujours *verbe*.

Ces faits ACCABLANT *l'accusé, il ne sut que répondre. Accablant* ayant pour régime direct *l'accusé*, est verbe, et par conséquent invariable. (Voir le développement de ce principe aux pages 12 et 13.)

DEUXIÈME RÈGLE.

27. Tout participe présent qui exprime *le motif* pour lequel telle autre action se fait, ne peut être que verbe et conséquemment invariable. Alors, il peut toujours se remplacer par l'une des conjonctions *comme* ou *parce que* et un temps de l'indicatif.

Ces messieurs TREMBLANT *de froid, ne pouvaient ni signer, ni même tenir leur plume*, c'est-à-dire, *comme* ou *parce que* ces messieurs tremblaient de froid, ils ne pouvaient ni signer ni tenir leur plume.

Les beaux jours RENAISSANT, *votre santé va se*

refaire, c'est-à-dire *comme* les beaux jours commencent à renaître.

Il y a quelques cas encore où le participe présent peut se rendre par la conjonction *quand* ou *lorsque* et un temps de l'indicatif: *vos tantes* MOURANT, *il vous reviendra une belle fortune*, c'est-à-dire *quand* vos tantes mourront. — *Cette eau* BOUILLANT, *jetez-y vos légumes*, c'est-à-dire *quand* cette eau bouillira, ou *comme* cette eau bout, jetez-y vos légumes.

Outre ces deux règles, nous ferons *deux remarques* aussi importantes que ces règles mêmes, attendu qu'elles ont trait aux cas les plus délicats.

28. 1ʳᵉ *Remarque.* — Comme on l'a déjà vu, quand il s'agit d'action, il faut le verbe; cependant il est certaines actions qui, par cela seul qu'elles ont de la durée, peuvent aussi s'exprimer par l'adjectif.

Par exemple, quand précédemment nous avons dit, *Les eaux* BOUILLONNANTES *de ce fleuve en rendent la navigation périlleuse.* — *Les eaux du fleuve* BOUILLONNANT, *la navigation y est périlleuse.* Ce mot *bouillonnant* nous montre dans ces deux exemples des eaux agitées, des eaux en mouvement; et pourtant dans l'un de ces exemples, nous disons *bouillonnantes*, et, dans l'autre, *bouillonnant*. Pourquoi cela? Le voici: si d'une part, et bien que les eaux soient continuellement agitées, nous faisons *bouillonnant* adjectif, c'est parce que nous tenons à faire comprendre que cette agitation est leur *état habituel*, leur *état ordinaire* (1). Nous disons donc, et

----

(1) Ce mot *état*, accolé au mot *agitation*, pour faire *état d'a-*

avec raison, *les eaux* BOUILLONNANTES *de ce fleuve en rendent la navigation périlleuse.*

Mais aussi comme des eaux bouillonnantes sont des eaux qui bouillonnent ; comme cette expression marque essentiellement le mouvement, je puis donc, *au moyen d'une certaine tournure de phrase,* les représenter aussi sous cette circonstance de mouvement, d'agitation ; et alors je ferai *bouillonnant* verbe : *les eaux de ce fleuve* BOUILLONNANT, *la navigation y est périlleuse ;* c'est-à-dire *comme* les eaux de ce fleuve bouillonnent, la navigation, etc. (Voir page 43, n° 27.)

Nous venons de dire qu'en faisant *bouillonnant* adjectif, nous avons voulu exprimer l'*état habituel,* l'*état ordinaire* de bouillonnement des eaux. Est-ce à dire que le mot en *ant* ne saurait être adjectif que quand il s'agit d'exprimer un *état habituel,* un *état ordinaire?* Non, il suffit qu'on veuille exprimer un *état momentané.* EXEMPLE : *un passager qui se tenait près de l'une des roues du navire tomba et disparut dans les eaux alors* BOUILLONNANTES *de la mer.* Ici on a dit *bouillonnantes,* bien qu'il ne s'agisse que d'un *état momentané,* c'est-à-dire de l'état passager de bouillonnement où étaient les eaux de la mer quand quelqu'un y tomba.

---

gitation, semble être un contre-sens ; mais, par *état,* on peut non-seulement exprimer une situation de *calme,* mais encore la disposition, soit habituelle, soit momentanée où se trouvent les personnes et les choses. Que quelqu'un soit agité par la colère ou par la fièvre, nous dirons de cette personne qu'elle est dans tel *état d'agitation.*

29. Mais redisons encore, et remarquez bien que, s'il s'agit de l'instant même où le mouvement *naît*, du moment où *il se produit*, on ne peut l'exprimer qu'avec le verbe, parce qu'alors il s'agit de la transition d'un *état* à une *action*, à une *agitation*.

1er EXEMPLE. — *Telle est la force de la poudre, qu'à cette explosion sous-marine, les eaux de la mer* BOUILLONNANT *rejetèrent à leur surface les débris d'un navire depuis longtemps enseveli dans les sables.* Ici j'ai à parler d'un fait qui se produit soudainement, or il me faut indispensablement le verbe. *Les eaux bouillonnantes rejetèrent à leur surface* serait une faute que rien ne pourrait justifier, parce qu'il ne s'agit ici ni d'eaux *habituellement bouillonnantes*, ni d'eaux DÉJA *bouillonnantes*, mais d'eaux dont l'agitation, dont le bouillonnement s'est soudainement produit.

2e EXEMPLE. — *Il était assis fort tranquille à côté de nous, lorsqu'à cette parole outrageante, ses yeux* BRILLANT *annoncèrent l'agitation de son esprit.* Ici *brillant* n'est point appelé à qualifier des yeux *ordinairement brillants* (il pourrait même se faire que la personne dont on parle les eût habituellement ternes), mais à les représenter comme *brillant soudainement* par l'effet d'une parole outrageante : or, cette agitation, cette animation subite exige l'emploi du verbe.

3e EXEMPLE. — C'est encore en appliquant ce principe que nous avons précédemment dit, *au moment où, selon leur coutume, ces officiers entraînaient leurs soldats au combat, ils furent atteints l'un et l'autre : nous les vîmes* CHANCELANT *sur leurs chevaux, puis tomber et périr.* Ici *chancelant* exprime un mouvement qu'on voit naître, qu'on voit se produire ; or c'est le verbe.

4ᵉ EXEMPLE. — *A son emportement, à sa colère, succéda une fureur telle, que bientôt* ÉCUMANT *de rage, elle eût déchiré son propre sein, si on ne l'en eût empêchée.* Ici encore on voit naître, on voit éclater le sentiment; donc c'est le verbe.

30. 2ᵉ *Remarque.* — En pratique, outre beaucoup de formules, de tournures qui portent le cachet d'une époque reculée, il existe bon nombre de participes présents que nous écrivons comme ils s'écrivaient lorsque la langue était à demi barbare. Ainsi les praticiens d'aujourd'hui vont jusqu'à orthographier, comme du temps que *tous* les participes présents étaient variables, les AYANTS *droit*, les AYANTS *cause; les filles* USANTES *et* JOUISSANTES *de leurs droits*, etc., etc.

On ne saurait voir dans une telle orthographe que l'effet de l'empire de l'habitude et de la tradition. Effectivement, le langage des lois, des formules judiciaires, de certains actes publics, étant de son essence un langage traditionnel et sacramentel, emprunté à un temps où la langue française était en travail et se transformait, il n'est pas étonnant qu'en passant jusqu'à nous il ait conservé dans ses formes les vices de son origine.

Mais ce que nous voudrions, c'est que, tout en conservant ces expressions du passé, on leur fît sentir dans leur orthographe l'action commune de la règle : en écrivant *les* AYANT *droit*, *les* AYANT *cause*, *les filles* USANT *et* JOUISSANT *de leurs droits*, etc., etc., on aura satisfait à la grammaire sans rien ôter à l'expression.

DEUXIÈME PARTIE.

DIVISION DES PARTICIPES PRÉSENTS EN DEUX CATÉGORIES.

31. Pour ne pas avoir à répéter trop fréquemment les mêmes explications, nous avons fait une catégorie à part de ceux de nos participes présents qui peuvent être assujettis à *un même principe.*

Ainsi les cent vingt-six participes présents qui forment le tableau suivant ont pour règle commune,

1° *D'être invariables s'ils ont un complément ou régime direct*, *ou s'ils sont* SUIVIS *d'un* ADVERBE ;

2° *D'être variables s'ils n'ont point de complément direct*, *ou s'ils ne sont pas suivis d'un adverbe.*

Ex. *Ces voyageurs nous* AMUSANT, *nous* ATTACHANT *même par leurs récits, nous nous aperçûmes à peine du mauvais état de la route.* Ici *amusant* et *attachant* ayant pour complément direct le pronom *nous*, sont verbes et conséquemment invariables.

Cette boisson AGAÇANT *un peu*, je ne saurais en faire usage. Ici *agaçant* étant suivi de l'adverbe *un peu*, est verbe et conséquemment invariable.

Voilà deux couleurs APPROCHANT *beaucoup l'une de l'autre.* — *Approchant* étant suivi de l'adverbe *beaucoup*, est verbe et par conséquent invariable.

Nous fûmes agréablement distraits par les récits AMUSANTS *et même* ATTACHANTS *de ces voyageurs.* Ici *amusants* et *attachants* sont adjectifs et variables, parce qu'ils n'ont point de complément.

Cette règle repose sur cette considération que les verbes dont sortent ces participes présents, ne peuvent, à leur participe présent du moins, se conjuguer *absolument*, c'est-à-dire, sans être accompagnés de leur complément direct, ou sans être suivis d'un adverbe : il résulte de là qu'ayant un complément direct, ou étant suivis d'un adverbe, ils sont verbes, c'est-à-dire *invariables ;* et que, sans complément, ils sont adjectifs, c'est-à-dire *variables.*

PREMIÈRE CATÉGORIE.

LISTE des cent vingt-six participes présents restant invariables quand ils ont un complément DIRECT, *et devenant variables quand ils n'ont point ce complément.*

Accablant.	Agaçant.	Alléchant.
Accommodant.	Aggravant.	Amusant.
Adoucissant.	Aimant.	Approchant.
Affligeant.	Alarmant.	Asservissant.

3

Assiégeant.
Assommant.
Assortissant.
Assourdissant.
Assujettissant.
Attachant.
Attendrissant.
Atténuant.
Attirant.
Attristant.
Blessant.
Calmant.
Caressant.
Chagrinant.
Charmant.
Choquant.
Colorant.
Conciliant.
Concluant.
Consolant.
Consumant.
Contractant.
Contrariant.
Contredisant.
Convaincant.
Corroborant.
Coupant.
Déchirant.
Décourageant.
Dégoûtant.
Dénigrant.
Désespérant.
Désobligeant.
Désolant.

Déterminant.
Diffamant.
Dirigeant.
Dissolvant.
Éblouissant.
Édifiant.
Effrayant.
Embarrassant.
Encourageant.
Endurant.
Engageant.
Ennuyant.
Entrainant.
Entreprenant.
Épargnant.
Étonnant.
Étouffant.
Étourdissant.
Excédant.
Excitant.
Exigeant.
Fatigant.
Fécondant.
Fermant.
Flétrissant.
Foudroyant.
Frappant.
Gênant.
Glaçant.
Humectant.
Humiliant.
Impatientant.
Inquiétant.
Insinuant.

Insultant.
Intéressant.
Irritant.
Justifiant.
Lassant.
Manquant.
Menaçant.
Méprisant.
Méritant.
Mortifiant.
Navrant.
Nourrissant.
Obligeant.
Offensant.
Outrageant.
Pénétrant.
Perçant.
Pétrifiant.
Piquant.
Pressant.
Prévoyant.
Rafraîchissant.
Ragoûtant.
Rassasiant.
Rassurant.
Ravissant.
Rebutant.
Reconnaissant.
Réjouissant.
Repoussant.
Réprimant.
Résolvant.
Restaurant.
Salissant.

Satisfaisant.	Suppliant.	Tourmentant.
Stipulant.	Surprenant.	Tranchant.
Suffocant.	Tentant.	Tranquillisant.
Suivant.	Touchant.	Vivifiant.

32. Nos autres participes, au nombre d'environ trois cents, ne pouvant être ainsi assujettis à une règle qui leur soit commune, il sera traité de chacun d'eux séparément. Nous allons les présenter selon l'ordre alphabétique, afin d'en rendre la recherche plus facile.

DEUXIÈME CATÉGORIE.

ABONDANT, lorsqu'il n'est suivi d'aucune préposition, est toujours adjectif: *nous avons eu une année* ABONDANTE. — *Vos amis se sont montrés orateurs* ABONDANTS.

Suivi d'une préposition, *abondant* est indifféremment verbe ou adjectif: *la Bourgogne et la Champagne sont des provinces* ABONDANTES *en vin* ou ABONDANT *en vin.* Acad.

1re *Remarque.* On n'aurait plus la liberté du choix, si l'on disait, *cette marchandise* ABONDANT *dans cette contrée, nous l'y paierons moins cher qu'ailleurs.* Ici c'est comme s'il y avait, nous paierons cette marchandise moins cher dans cette contrée, *parce qu'*elle y abonde. (Voir page 43, n° 27.)

2e *Remarque.* Si *abondant* était employé avec *être*, il ne saurait être qu'adjectif: *on cite ces provinces comme* ÉTANT ABONDANTES en blé.

ABOUTISSANT. Ainsi que nos autres termes de pratique terminés en *ant*, *aboutissant* a le féminin plus par une raison traditionnelle que par nécessité et par logique.

En pratique, on dit *une prairie* ABOUTISSANTE *à telle propriété, une pièce de terre* ABOUTISSANTE *à la forét*. Il serait beaucoup mieux de dire *aboutissant*. (Voir page 47, n° 30.)

Cette pièce de terre ABOUTISSANT *à votre parc, vous convient mieux qu'à tout autre;* c'est-à-dire, *comme* ou *parce que* cette pièce aboutit à votre parc, elle vous convient, etc. (Voir page 43, n° 27.)

Aboutissant s'emploie aussi comme nom : *je connais les tenants et les aboutissants* de cette pièce de terre. — Au figuré, on dit aussi, *connaître les tenants et les aboutissants* d'une affaire; c'est-à-dire en savoir toutes les circonstances, tous les détails.

ABOYANT. *Chiens* ABOYANTS, *meute* ABOYANTE; voilà tout ce que l'Académie dit de ce mot.

Nous ajouterons que ce n'est que poétiquement qu'on peut dire au propre *chiens aboyants, meute aboyante*, comme on dit les *troupeaux mugissants, la brebis bêlante*.

Mais s'agit-il de l'action d'aboyer, *aboyant* est toujours verbe, toujours invariable : *nous avons entendu votre chienne* ABOYANT, *vos chiens* ABOYANT, c'est-à-dire, qui aboyaient, qui faisaient l'action d'aboyer.

Nota. Au figuré, toutefois, *aboyant* est tantôt verbe, tantôt adjectif. Il est verbe, s'il marque l'action, et adjectif s'il marque une qualité. *De toutes parts, les critiques* ABOYANT *contre cet auteur,* IL EST *résolu de ne plus écrire ;* c'est-à-dire, *comme* ou *parce que* les critiques aboient. (Voir page 43, n° 27.)

Courroucé contre les rédacteurs de certains journaux, cet auteur les a qualifiés de chiens ABOYANTS, *de meute* ABOYANTE.

ABRUTISSANT n'est adjectif que quand il se dit des choses qui ont la propriété d'abrutir, comme certaines occupations, certains travaux, ou encore l'excès des boissons, des plaisirs : *gardez-vous des plaisirs* ABRUTISSANTS. *Les liqueurs prises avec excès sont* ABRUTISSANTES.

Mais distinguez toujours cette forme que nous venons de signaler aux trois participes présents qui précèdent, c'est-à-dire, le cas où le mot en *ant* est le *motif* d'une action relative exprimée par un second verbe.

Les liqueurs ABRUTISSANT, *gardez-vous d'en faire un usage immodéré ;* c'est-à-dire, *comme* ou *parce que* les liqueurs abrutissent, gardez-vous, etc. : or ici *abrutissant* est verbe. (Voir page 43, n° 27.)

ABSORBANT n'est adjectif que quand 1° il se dit des substances, des médicaments ayant la propriété d'absorber les acides qui se développent spontanément dans l'estomac : *substance* ABSORBANTE, *poudre* ABSORBANTE ; 2° et quand il s'emploie comme terme d'anatomie, *vaisseaux* ABSORBANTS.

Mais ici comme ailleurs, si le participe exprime le motif d'une action relative, ou s'il a un complément direct, il est verbe et par conséquent invariable : *ces médicaments* ABSORBANT *les acides, l'estomac se trouve dégagé ;* c'est-à-dire, *comme* ou *parce que* ces médicaments absorbent, etc. (Voir page 43, n° 27.)

ACCABLANT
ACCOMMODANT } Voir 1re catégorie, p. 49.

ACCORDANT n'est adjectif qu'employé comme terme de musique : UT *et* SOL *sont de tons* ACCORDANTS *entre eux.*

ADOUCISSANT faisant partie de la première catégorie, voyez page 49.

AFFAIBLISSANT, FORTIFIANT ne sont guère adjectifs qu'avec l'expression *remèdes : remèdes* AFFAIBLISSANTS, *remèdes* FORTIFIANTS. Ce dernier cependant se dit aussi des aliments : *aliments* FORTIFIANTS.

Ces remèdes AFFAIBLISSANT, *faites-en un usage modéré ; ces aliments* FORTIFIANT, *il serait bon que vous en prissiez;* c'est-à-dire, *comme* ces remèdes affaiblissent, *comme* ces aliments fortifient... (Voir page 43, n° 27.)

AFFLIGEANT.
AGAÇANT. } Voir 1re catégorie, p. 49.
AGGRAVANT.

AGISSANT. *Médecine* AGISSANTE, c'est-à-dire qui agit, par opposition à *médecine expectante,* c'est-à-dire qui attend, qui laisse faire la nature.

Agissant est encore adjectif, quand on l'emploie pour caractériser une personne dont les habitudes sont de se donner beaucoup de mouvement : *on nous les avait dépeints comme des gens peu actifs, insouciants même ; aussi avons-nous été étonnés de trouver les hommes extrêmement* AGISSANTS *et les femmes également* AGISSANTES.

Mais *agissant* devient verbe toutes les fois qu'il est *suivi* d'un adverbe : *je me défie des remèdes* AGISSANT *brusquement.* — *Dans cette maison on voit les hommes et les femmes* AGISSANT *sans cesse.* (Voir page 22, une longue dissertation sur ce mot.)

AGONISANT se dit de ceux qui sont à l'état d'agonie : *nous avons trouvé cette pauvre femme* AGONISANTE, *et ces malheureux* AGONISANTS.

On l'emploie aussi comme nom : *prière des agonisants.*

AIMANT.
ALARMANT. } Voir 1re catégorie, p. 49.

ALLANT (qui aime à aller, qui est actif) : *si dans cette maison les hommes sont bien* ALLANTS, *les femmes aussi sont bien* ALLANTES. — *Malgré son âge, cette petite vieille est encore bien* ALLANTE.

Nota. Si l'adverbe qui d'ordinaire se place avant l'adjectif *allant* se trouvait après, *allant* serait verbe, et conséquemment invariable : *nous avons laissé ces vieillards* ALLANT *encore bien.*

ALLÉCHANT. (Voir 1re catégorie, page 49.)

ALTÉRANT n'est adjectif que quand il se dit de certains aliments qui causent de la soif : *les viandes salées sont des aliments* ALTÉRANTS.

Les spiritueux et les boissons fortes ALTÉRANT, *votre état ne vous permet pas d'en prendre ;* c'est-à-dire *comme* les spiritueux altèrent. (Voir page 43, n° 27.)

Dans toute autre acception *altérant* ne saurait être que verbe.

AMUSANT. (Voir 1re catégorie, page 49.)

APPARTENANT, employé comme adjectif, n'est, dit l'Académie, guère usité que dans ces sortes de phrases, *le bien* APPARTENANT *à un tel, une maison à lui* APPARTENANTE.

Nous pensons que l'Académie eût très-bien fait d'ajouter que, dans ces cas mêmes, il est tout aussi logique, sinon plus, de considérer *appartenant* comme verbe, et par conséquent de l'écrire invariable. Tout restreint qu'est le cercle où elle considère ce mot comme adjectif, elle a fait en cela une concession à l'usage établi en pratique.

Voyez quelle bizarrerie! D'une part, les praticiens écrivent,

C'est une maison à lui APPARTENANTE; et, de l'autre, *c'est une maison lui* APPARTENANT. En pareille circonstance, il faut se garder d'invoquer la raison, car la raison dit que les cas étant identiques, il doit y avoir identité d'orthographe. Nous le demandons encore une fois, quelle différence y a-t-il donc entre

Une maison à mon frère APPARTENANTE, et entre *une maison* APPARTENANT *à mon frère?*

La première de ces deux manières, où l'on fait *appartenant* adjectif, exprime-t-elle quelque chose qui ne soit pas exprimé par la seconde manière, où l'on fait *appartenant* verbe? y a-t-il, non pas une nuance, mais l'ombre d'une nuance entre les deux expressions? Evidemment non. Aussi engagerons-nous nos lecteurs à écrire *appartenant* toujours invariable. Si ce mot a passé jusqu'à nous en conservant quelquefois la forme d'adjectif, il le doit aux raisons que nous avons développées page 47, au n° 30.

APPELANT est un terme de pratique, qui n'est adjectif que dans ces expressions : *il est* APPELANT, *elle est* APPELANTE *de ce jugement.*

Dans le même sens, on l'emploie quelquefois comme nom : *voici l'*APPELANT, *voilà l'*APPELANTE.

APPROCHANT. (Voir 1re catégorie, page 49, n° 31.)

ASPIRANT n'est adjectif que dans cette expression : *pompe* ASPIRANTE, c'est-à-dire qui aspire, qui enlève l'eau en faisant le vide. On l'emploie par opposition à *pompe* FOULANTE, qui se dit d'une pompe qui élève l'eau en la pressant.

Nota. FOULANT n'est également adjectif que dans cette expression : *pompe* FOULANTE.

ASSERVISSANT. (Voir 1re catégorie, page 49, n° 31.)

ASSISTANT n'est guère adjectif que quand il se dit des ecclésiastiques qui secondent l'*officiant* dans quelque grande cérémonie religieuse : *on comptait à l'autel quatre prêtres* ASSISTANTS.

Ecrivez donc, sans jamais le faire varier, le participe présent *assistant*, pris dans la signification de *être présent : toutes les personnes* ASSISTANT *à cette cérémonie furent frappées d'admiration.*

Assistant s'emploie aussi comme nom : *tous les* ASSISTANTS *furent charmés de l'éloquence du prédicateur.*

ASSIÉGEANT.

ASSOMMANT. } Voir 1ʳᵉ catégorie, p. 49.

ASSORTISSANT.

ASSOUPISSANT. *Il prit quelques remèdes* ASSOU-PISSANTS. — *Ces remèdes* ASSOUPISSANT, *on aime à être tranquille, après les avoir pris ;* c'est-à-dire, *comme ces remèdes assoupissent, on aime, etc.* (Voir page 43, nᵒ 27.)

On l'emploie quelquefois au figuré : *style* ASSOU-PISSANT, *vers* ASSOUPISSANTS, *lecture* ASSOUPISSANTE.

ASSOURDISSANT.

ASSUJETTISSANT.

ATTACHANT. } Voir 1ʳᵉ catégorie, page 49.

ATTENDRISSANT.

ATTIRANT.

ATTRISTANT.

AVILISSANT. *Sa conduite* AVILISSANTE *le fait mépriser de tout le monde.* — *Ces magistrats* AVILISSANT *leur dignité, tout le corps en demande l'expulsion.* (Règle nᵒ 26, page 43.) — *Ces moyens* AVILISSANT, *gardez-vous d'y jamais recourir ;* c'est-à-dire, *comme ces moyens ou parce que ces moyens avilissent, gardez-vous, etc.* (Voir la règle nᵒ 27, page 43.)

Ces moyens AVILISSANTS *finiront par le perdre à jamais,* c'est-à-dire *ces* AVILISSANTS *moyens finiront par*, etc.

AYANT. LES **AYANTS** DROIT, LES **AYANTS** CAUSE.

L'Académie n'écrit *ayant* avec s que dans les *ayants droit*, les *ayants cause ;* c'est trop, selon nous. Ainsi que nous l'avons déjà dit au commencement de cet ouvrage, il a été un temps où tous les participes présents étaient variables. Or le participe présent *ayant*, ainsi que tous les autres, faisait au pluriel *ayants*, *ayantes*. Mais qu'aujourd'hui encore on conserve cette orthographe d'un temps où les principes de la langue que nous parlons actuellement étaient ignorés, cela ne peut s'expliquer que par une sorte de respect, trop tendre selon nous, qu'en pratique on conserve pour certaines vieilles traditions. Nous engageons nos lecteurs à regarder *ayant* comme étant toujours invariable, et à écrire *les ayant droit*, *les ayant cause*. (Voyez page 47, n° 30, ce que nous disons à propos de ce mot, et de ce mot lui-même.)

BATTANT, dit l'Académie, n'est adjectif que dans *porte* BATTANTE, expression qui se dit d'une porte montée de telle sorte qu'elle se referme d'elle-même, et vient battre contre le chambranle. On le dit ainsi par opposition aux portes qui ne battent pas de même.

Nous ajouterons que *battant* est encore adjectif dans *pluie* BATTANTE, expression qui se dit d'une pluie abondante, qui tombe à grosses gouttes et avec force.

BÊLANT est adjectif quand il se dit de la faculté qu'a la brebis de bêler : *les* BÊLANTES *orebis étaient couchées sur l'herbe à côté de leurs agneaux.*

Mais si l'on a à peindre l'action de bêler, le moment même où l'animal bêle, l'adjectif ne peut plus convenir, il faut nécessairement le participe présent *bêlant*. *Les brebis* BÊLANT *font accourir leurs agneaux*, c'est-à-dire, les brebis, lorsqu'elles bêlent, font accourir, etc. — *Les brebis revenant des champs, rentrent* BÊLANT *dans la bergerie*, c'est-à-dire qu'elles *font l'action* de bêler lorsqu'elles rentrent.

Pour le dire en deux mots , *bêlant* ne peut être adjectif que quand il se dit d'une brebis alors qu'elle ne bêle pas ; si elle bêle , le mot *bêlant* est verbe et ne saurait varier.

Il en est de même de *bondissant, coassant, croassant, dormant, glapissant, mugissant , rampant , rugissant, ruminant.*

BLANCHISSANT (qui paraît blanc). Il ne se dit guère qu'en poésie : *les flots* BLANCHISSANTS , *la mer* BLANCHISSANTE.

BLESSANT. (Voir 1re catégorie, page 49.)

BONDISSANT est adjectif quand il se dit de la faculté de bondir : *à côté des chèvres étaient leurs cabris* BONDISSANTS; c'est-à-dire *leurs* BONDISSANTS *cabris.* Ici j'emploie *bondissant* comme adjectif , parce que mon intention est, non de peindre les cabris au moment où ils font l'action de bondir, mais d'exprimer la faculté qui leur est naturelle de bondir.

Si je voulais les montrer bondissant , faisant l'action de bondir, je serais forcé d'écrire ainsi : *à côté des chèvres étaient leurs cabris* BONDISSANT.

Bondissant, adjectif, est si peu propre à exprimer l'instant où l'action de bondir s'exécute, qu'on peut dire de chevreaux couchés et se reposant, que ce sont des chevreaux *bondissants :*

Les BONDISSANTS *chevreaux,* ou *les chevreaux* BONDISSANTS *étaient alors couchés et se reposant près de leur mère.*

BOUFFANT (qui est gonflé). Il ne se dit que des

étoffes qui ont assez de consistance pour ne pas s'a-
platir, et qui se soutiennent d'elles-mêmes : *une
étoffe* BOUFFANTE, *une garniture* BOUFFANTE. — *Les
étoffes* BOUFFANTES *donnent aux vêtements une ap-
parence d'ampleur.*

BOUILLANT, au propre, c'est-à-dire quand il exprime l'ébullition même, est toujours verbe, et invariable, parce qu'alors il marque le mouvement : *j'i-
gnore si ces légumes sont cuits ; mais en rentrant,
je les ai vus* BOUILLANT, c'est-à-dire qui bouillaient,
qui étaient en ébullition. — *Ce n'est pas sa faute,
si les haricots ne sont pas encore cuits ; depuis deux
heures, je les vois* BOUILLANT; *depuis deux heures ils
sont* BOUILLANT; c'est-à-dire, depuis deux heures, je les
vois en ébullition, depuis deux heures ils bouillent.

Mais, après avoir mis ma main dans de l'eau
qui m'aura paru plus que chaude, je dirai, *je l'ai
trouvée* BOUILLANTE. — *Il y a des personnes qui
peuvent prendre leurs aliments* BOUILLANTS. Ici
bouillant est employé par exagération, et marque
l'état des objets, et non l'action de bouillir.

Nous ferons remarquer, ainsi que nous l'avons
déjà fait page 18, au mot *brûlant*, 1° que *bouillant*
est verbe et par conséquent invariable, quand il exprime un fait dont nous nous assurons par les yeux :
nous avons vu ces légumes BOUILLANT; *en débou-
chant le vase où cuisaient ces pruneaux, nous les
avons vus qui étaient* BOUILLANT;

2° Et que *bouillant* est adjectif, quand il se dit de
cas dont l'existence nous est révélée par le tact, par

le toucher : *j'ai pris mon thé et mon café* BOUIL-LANTS.

Au figuré, il en est de même. Par exemple je dirai, *quand je suis entré, j'ai trouvé ces messieurs irri-tés au plus haut point, je les ai trouvés* BOUILLANT. Ici je me sers du verbe et non de l'adjectif, parce que je veux exprimer un sentiment porté à son pa-roxysme, parce que je veux représenter ces messieurs au moment où le sang était en ébullition. Mais si j'ai à peindre, non cette effervescence, mais l'émotion vive encore qui la suit, je ferai *bouillant* adjectif : *bien que la plus grande exaltation fût passée, nous les avons encore trouvés* BOUILLANTS.

Non-seulement elle fut sensible à un tel affront, mais encore elle se retira BOUILLANT *de colère.* Ici encore c'est le moment où le sang agite et trans-porte; c'est la transition de l'état de calme à l'agita-tion, et cela ne peut se dire que par le verbe.

On les dit BOUILLANTS *d'impatience.* Il n'y a plus transition d'un état à un autre; au contraire; c'est un état ordinaire, c'est le caractère qu'il s'agit de peindre : or *bouillant* est forcément adjectif.

BOUILLONNANT.

Dans cet endroit, les eaux du fleuve, constam-ment BOUILLONNANTES, *gênent la navigation et la rendent même dangereuse.* — *Les eaux de ce fleuve* BOUILLONNANT *constamment, la navigation y est difficile et même dangereuse.*

Au fond il n'y a aucune différence entre ces deux manières de dire, seulement celui qui s'exprime comme dans le premier exemple a en vue la durée,

la permanence du bouillonnement des eaux; il voit
là un *état* constant qu'il rend par l'adjectif *bouillonnantes ;* c'est en effet comme s'il eût dit *les eaux,
qui sont constamment bouillonnantes*, qui sont dans
un *état* constant de bouillonnement, gênent, etc.

Et en s'exprimant comme dans le second exemple,
au lieu d'avoir égard à l'*état*, on n'envisage que le
mouvement constant des eaux, c'est pourquoi on
emploie le verbe; et c'est comme s'il y avait, les eaux,
parce qu'elles bouillonnent constamment, etc. Ces
deux circonstances de mouvement et d'état existant
simultanément dans le fait qu'on rapporte, il est indifférent pour le fait en lui-même qu'on le peigne
sous l'un plutôt que sous l'autre de ces deux points
de vue.

Bouillonnant s'emploie aussi au figuré : *ces deux
hommes s'élancèrent l'un sur l'autre* BOUILLONNANT
de fureur. Ici je fais *bouillonnant* verbe, parce que,
comme nous l'avons dit aux mots *tremblant, tressaillant, écumant*, page 35, il s'agit d'un sentiment
exalté, et qu'alors il est mieux d'exprimer l'*agitation* qui résulte de cette exaltation même.

*Après s'être déchirés comme deux furieux, et
bien que séparés, ils restèrent quelque temps encore*
BOUILLONNANTS. Ici *bouillonnant* est adjectif; parce
qu'ils'agit d'exprimer un reste d'agitation, un *état* qui
va s'éteignant. (Voir ce mot page 44, aux n⁰ˢ 28 et 29.)

BRILLANT, RELUISANT, RESPLENDISSANT. —
Selon les vues de l'esprit, on peut dire, *les cui-
rasses, les casques, les fusils et les sabres* BRILLANTS

au soleil, ou BRILLANT *au soleil*, *éblouissaient les spectateurs.*

En écrivant *brillants*, celui qui parle a en vue la propriété qu'ont les armes d'être brillantes ; c'est comme s'il eût dit, *les armes, dont la propriété est d'être brillantes au soleil, éblouissaient les spectateurs.*

Et en écrivant *brillant* verbe, on exprime le fait de briller ; c'est comme si l'on disait, *les armes, que le soleil faisait briller, éblouissaient les spectateurs*, ou encore PARCE QUE *les armes brillaient, elles éblouissaient*, etc. (Voir page 45, n° 27.)

Cette double manière de parler ne saurait s'appliquer à la phrase suivante, où *brillant* ne peut être qu'adjectif :

Nos armes, brillantes au soleil, ne jetaient nul éclat par ce temps brumeux, c'est-à-dire, nos armes, dont la propriété est d'être brillantes au soleil, ne jetaient nul éclat par ce temps brumeux.

Ici on ne pourrait se servir de *brillant*, verbe, parce qu'il n'y a pas entre

Brillant et *ne jeter aucun éclat*,

Cette corrélation qui, dans le premier exemple, existe entre

Brillant et *éblouir*. Ici on voit que c'est *parce que* les armes brillaient, qu'on était ébloui ; c'est là une conséquence juste, naturelle. Dans l'autre cas, on ne pourrait dire que c'est parce que les armes brillaient qu'elles ne jetaient aucun éclat ; non-seulement ce serait là une conséquence fausse, mais absurde.

Tout ce que nous venons de dire de *brillant* s'applique également aux mots *reluisant, resplendissant.*

Selon les vues de l'esprit encore, je dirai au figuré,

Vos dames, BRILLANTES *d'esprit*, ou BRILLANT *d'esprit, sont partout recherchées.* — Par l'adjectif *brillantes,* je veux dire, vos dames, *lesquelles sont brillantes d'esprit*, sont recherchées partout. Et en faisant *brillant* verbe, mon expression signifie, COMME *vos dames brillent*, ou PARCE QUE *vos dames brillent, elles sont recherchées.* (Voir page 43, n° 27.)

Ses yeux BRILLANTS *marquent la santé.* Il faut l'adjectif, parce qu'il s'agit d'un état habituel, ordinaire. (Voir page 44, n° 28.)

Mais si le fait de briller était le résultat de l'animation, de l'agitation de l'esprit, je dirais, en préférant le verbe à l'adjectif, *ses yeux* BRILLANT annoncèrent qu'il *était irrité.* (Voir page 46, n° 29.)

AUTRE EXEMPLE. — *A cette parole outrageante, ses yeux* BRILLANT, ÉTINCELANT, *annoncèrent l'agitation soudaine de son esprit.* Ici il faut exclusivement le verbe, parce qu'il ne s'agit ni d'un *état ordinaire*, ni d'un *état* DÉJA *existant*, mais de la transition d'un *état* à un *fait* qui se produit, qui éclate. Cette agitation, cette animation soudaine du regard ne peut, nous le répétons, s'exprimer avec vérité que par le verbe. (Voir page 46, n° 29.)

Les yeux BRILLANTS *de ce malade annoncent la fièvre.* En s'exprimant ainsi, celui qui parle a l'intention de marquer l'*état où étaient* DÉJA les yeux du malade, l'état où il les a trouvés. (Voir page 44, n° 28.)

Les yeux de ce malade BRILLANT, *j'en conclus qu'il a la fièvre*, c'est-à-dire, *comme* ou *parce que* les yeux de ce malade brillent, j'en conclus. (Voir page 43, n° 27.)

BROUTANT n'est adjectif que quand on l'applique, non à l'action de brouter, car alors il est verbe, mais à certaines espèces d'animaux qu'on appelle *animaux broutants*, pour les distinguer d'autres espèces qui ne broutent pas, et qu'on désigne soit par *animaux mordants*, tels que le blaireau, le renard, le loup, etc.; soit par *animaux dévorants*, tels que le lion, le tigre, l'ours, etc.

On écrira donc, *nous vîmes dans son parc des daims et des chevreuils* BROUTANT, *les uns* BROUTANT *tout près de nous*, *et paraissant apprivoisés*, *les autres* BROUTANT *plus loin*, *et paraissant plus sauvages*.

BRULANT. Voir ce mot pages 18 et 21, où il est longuement traité.

BUVANT et **MANGEANT.** *Je les ai laissés bien* BUVANTS *et bien* MANGEANTS. — *Elle est bien* BUVANTE *et bien* MANGEANTE. Ces expressions familières signifient *en bonne santé*.

Mais dans cette acception même, *buvant* et *mangeant* seraient verbes, si l'adverbe *bien*, qui ordinairement les précède, était après : *nous avons laissé cette dame* BUVANT *et* MANGEANT *bien*. Ici *buvant* et *mangeant* sont verbes.

Buvant et *mangeant* seraient également verbes, si l'on avait à parler du moment même où quelqu'un boit ou mange ; *nous les avons trouvés tous à table* BUVANT *et* MANGEANT.

CAHOTANT se dit des chemins, des voitures : *chemins cahotants, voitures cahotantes. — Il a deux voitures, il est vrai, mais toutes les deux mauvaises, toutes les deux* CAHOTANTES. Ici *cahotant* est adjectif, parce qu'on exprime l'*état* des voitures, leur défaut de structure.

Mais si *cahotant* devait exprimer l'action de cahoter, il serait verbe, et par conséquent invariable : *nous avons fait dix lieues notre voiture toujours* CAHOTANT.

CALMANT. (Voir 1re catégorie, page 50, n° 31.)

CASSANT se dit des choses fragiles, sujettes à se casser : *le verre, la poterie, la porcelaine sont* CASSANTS, *sont des matières* CASSANTES.

CARESSANT. (Voir 1re catégorie, page 50, n° 31.)

CESSANT n'est guère adjectif que dans *tous empêchements* CESSANTS, *toutes affaires* CESSANTES, *toute affaire* CESSANTE. Acad.

Dans ce cas même, ajouterons-nous, il nous semble beaucoup mieux de dire, *tous empêchements* CESSANT, *toute affaire* CESSANT.

CHAGRINANT. (Voir 1re catégorie, page 50, n° 31.)

CHANCELANT. (Voir une longue dissertation sur ce mot, page 37, n° 24.)

CHANGEANT. *Longtemps on a cru que les* CHANGEANTS *caméléons avaient la faculté de prendre la couleur des objets dont ils étaient proches.* Ici *changeant* est adjectif, parce qu'on qualifie les caméléons par la faculté qui leur est naturelle de changer.

De même on dit *couleur changeante, étoffe changeante*, c'est-à-dire, couleur, étoffe qui changent selon les différentes expositions.

Les caméléons CHANGEANT *de place, prennent des couleurs* CHANGEANTES, *des tons* CHANGEANTS. Dans ces mots, *les caméléons* CHANGEANT *de place, changeant* marquant l'action est verbe, et conséquemment invariable. Mais par ceux-ci, *des couleurs changeantes, des tons changeants,* on exprime non l'action, mais la propriété qu'ont certaines couleurs de changer, et que pour cela on désigne par ces termes *couleurs changeantes,* par opposition aux autres couleurs, qui ne changent pas.

Changeant se dit aussi de choses dont l'état est de varier, de manquer de fixité : *temps* CHANGEANT, *nation* CHANGEANTE, *esprit* CHANGEANT, *humeur* CHANGEANTE, *figure* CHANGEANTE : *les artistes n'aiment pas à peindre les figures* CHANGEANTES ; *car alors les traits* CHANGEANT, *ils ne se reconnaissent plus le lendemain dans ce qu'ils ont fait la veille.*

Par ces mots *peindre les figures changeantes,* on parle de figures ordinairement, naturellement changeantes : or *changeant* est adjectif. Mais par ceux-ci, alors *les traits changeant,* les peintres ne se reconnaissent plus, etc., on exprime l'action, c'est comme s'il y avait, *comme alors* les traits changent, les peintres ne se reconnaissent plus, etc. (Voir page 43, n° 27.)

CHANTANT. *Air* CHANTANT, *musique* CHANTANTE,

c'est-à-dire qui se chante aisément. — *Vers* CHANTANTS, *paroles* CHANTANTES, c'est-à-dire vers ou paroles propres à être mis en chant. — *Langue* CHANTANTE, c'est-à-dire fort accentuée. — *Déclamation* CHANTANTE, c'est-à-dire qui manque de naturel, qui se rapproche du chant.

Passé ces divers emplois, *chantant* est verbe, et conséquemment invariable. Nous les avons *trouvés* CHANTANT, *nous les avons laissés* CHANTANT, c'est-à-dire qui chantaient, qui faisaient l'action de chanter.

CHARMANT. (Voir 1ʳᵉ catégorie, page 49.)

CHATOYANT se dit des objets qui, vus sous différents aspects, semblent changer de couleur, comme l'œil du chat: *étoffe chatoyante, pierre chatoyante.*

CHEVROTANT n'est adjectif que dans *voix* CHEVROTANTE, c'est-à-dire qui chevrote, qui est tremblotante. *Sa voix* CHEVROTANT, *il ne peut rester au théâtre,* c'est-à-dire, *comme* sa voix chevrote. (Voir page 43, n° 27.)

CIRCULANT. *Les billets de banque, les billets à ordre sont des effets* CIRCULANTS, c'est-à-dire qui portent en eux la faculté de les transmettre. *Les simples reconnaissances ne sont point des effets* CIRCULANTS. Les *monnaies sont des matières* CIRCULANTES.

CLIGNOTANT. *Des yeux* CLIGNOTANTS. — *Il y a des personnes qui ont naturellement les yeux* CLIGNOTANTS, *et d'autres qui les ont* CLIGNOTANTS *par affectation.*

COASSANT. *La* COASSANTE *grenouille ou la gre-*

nouille COASSANTE *se fait plus particulièrement en-tendre le soir.* Ici on qualifie la grenouille, on la caractérise par la faculté qui lui est propre de coas-ser : or *coassant* est adjectif.

Mais cet adjectif ne peut plus me servir, si j'ai à parler du moment même où la grenouille fait l'ac-tion de coasser ; dans ce cas il faut le verbe : *en parcourant ce pays marécageux et couvert d'é-tangs, nous entendions sans cesse les grenouilles* COASSANT, c'est-à-dire faisant l'action de coasser.

La grenouille coassant fait un bruit hors de proportion avec la grosseur de son corps, c'est-à-dire, la grenouille faisant l'action de coasser, ou la grenouille, quand elle coasse, fait un bruit. (Voir page 43, n° 27.)

Pour le dire en un seul mot, *coassant* n'est ad-jectif que quand il se dit d'une grenouille alors qu'elle ne coasse pas.

COLLANT n'est adjectif que dans *pantalon* COL-LANT, *des pantalons* COLLANTS, expression dont on se sert pour distinguer certains pantalons fort justes.

Collant peut se dire d'autres vêtements qui dessinent les formes, qui sont ajustés au corps : *mon tailleur vient de me faire des vêtements qui me vont à merveille, et particulièrement deux habits* COL-LANT. Ici c'est le verbe, parce que, d'une part, *col-lant* veut dire *qui vont* parfaitement, et que, de l'autre, il n'y a pas d'habits ordinairement appelés *habits collants*, comme il y a des pantalons qui doivent à leur forme d'être ordinairement appelés *pantalons collants.*

COLORANT. (Voir 1re catégorie, page 49.)

COMPARANT. En pratique, on dit *tels et tels* COM-PARANTS *en leurs personnnes, ladite dame* COMPA-RANTE, c'est-à-dire qui comparaissent devant un juge, devant un notaire.

On l'emploie souvent comme nom : *le compa-rant, la comparante* a déclaré.....

Vos amis COMPARANT *en personne, n'auront point à payer d'avocat ;* c'est-à-dire, *comme* vos amis comparaissent en personne, ils n'auront point, etc. (Voir le n° 27.)

COMPATISSANT. *Ils se sont montrés* COMPATIS-SANTS *à nos maux*, c'est-à-dire sensibles à nos maux.

Ces messieurs COMPATISSANT *à nos maux, nous ont offert leur appui,* c'est-à-dire, *comme* ces mes-sieurs compatissent. (Voir le n° 27.)

CONCILIANT.
CONCLUANT. } Voir 1re catégorie, p. 49.

CONSENTANT. Terme de pratique. *Le père et la mère sont* CONSENTANTS. — *La femme est* CONSEN-TANTE. *Le père et la mère* CONSENTANT *à ce mariage, il ne saurait plus y avoir d'obstacle*, c'est-à-dire, *comme* le père et la mère consentent, il ne, etc. (Voir le n° 27.)

CONSISTANT. Les praticiens disent, *une terre* CON-SISTANTE *en bois et en prairie ; des propriétés* CON-SISTANTES *en bâtiments*. La grammaire exige, *des terres* CONSISTANT *en bois, des propriétés* CONSISTANT *en bâtiments*. (Voir page 47, n° 30, les motifs sur lesquels repose notre opinion.)

En physique, on appelle *corps* CONSISTANTS, ceux qui ont quelque solidité, par opposition à *corps fluides*.

CONSOLANT. (Voir 1re catégorie, page 49.)

CONSULTANT. (Voir le mot *plaidant*.)

CONSUMANT. (Voir 1re catégorie, page 49.)

CONTESTANT, qui conteste en justice, terme de pratique. Il n'est adjectif que dans cette expression, *les parties* CONTESTANTES.

Or quand je dis, *nous trouvâmes ces messieurs* CONTESTANT, ce mot *contestant* est verbe, et signifie qui contestaient, qui faisaient l'action de contester : or il est invariable.

CONTRACTANT.
CONTRARIANT.
CONTREDISANT.   Voir 1re catégorie, page 49.
CONVAINCANT.

CORRESPONDANT, employé comme adjectif, se dit des choses qui correspondent, qui ont entre elles des rapports : *angles* CORRESPONDANTS, *lignes* CORRESPONDANTES.

CORROBORANT. (Voir 1re catégorie, page 49.)

COULANT, qui coule aisément : *encre* COULANTE.

Au figuré, il se dit de ce qui est fait aisément, de ce qui ne sent point le travail : *style* COULANT, *poésie* COULANTE.

COUPANT. (Voir 1re catégorie, page 49.)

COURANT. *Chiens* COURANTS, c'est-à-dire dressés à courir après le gibier; *eau* COURANTE, c'est-à-dire eau vive, eau qui coule; l'*année* COURANTE, le *mois*

COURANT, le *terme* COURANT, c'est-à-dire l'année, le mois, le terme actuels ; *affaires* COURANTES, c'est-à-dire ordinaires ; *monnaie* COURANTE , c'est-à-dire ayant cours légal ; *mètres* COURANTS, *toise* COURANTE, c'est-à-dire mètres, toises de longueur sans égard pour la hauteur.

Mais *courant* étant appliqué à une action, est verbe : *nous les avons vus* COURANT, *nous les avons rencontrés* COURANT , c'est-à-dire qui couraient, qui faisaient l'action de courir.

COUTANT n'est adjectif que dans cette locution, *prix* COUTANT.

CRIANT, qui excite à se plaindre hautement, à crier : *une injure* CRIANTE.

Mais il faut dire avec le verbe, *nous les avons entendus* CRIANT, c'est-à-dire qui criaient.

CROASSANT. *La* CROASSANTE *corneille* ou *la corneille* CROASSANTE *passait chez les anciens pour un oiseau de funeste présage.* Ici on qualifie la corneille, on la caractérise par la faculté qui lui est propre de croasser. Or *croassant* est adjectif.

Mais cet adjectif ne peut plus me servir, si j'ai à parler du moment même où la corneille fait l'action de croasser ; dans ce cas il faut le verbe, c'est-à-dire que CROASSANT est invariable : *non loin de nous se trouvaient quelques corneilles que nous ne voyions point, mais que nous entendions* CROASSANT, c'est-à-dire qui croassaient, qui faisaient l'action de croasser.

La corneille CROASSANT *annonce, dit-on, le mau-*

4

vais temps ; c'est-à-dire la corneille, *quand elle* croasse. (Voir page 43, n° 27.)

CROISSANT, signifiant qui s'accroît, qui augmente, est adjectif ou verbe ; il est adjectif, s'il peut se remplacer par un autre adjectif, comme, par exemple, le comparatif *plus fort : sous Louis XIV et sous Louis XVI, la nation était épuisée par des impôts, par des besoins toujours* CROISSANTS, c'est-à-dire de plus en plus forts.

Mais je dirai avec le verbe, *depuis longtemps on voit les impôts croissant,* c'est-à-dire s'élever, prendre une marche ascendante. Ici, en effet, il s'agit d'une action lente, d'un mouvement ascensionnel qui ne peut être exprimé que par le verbe.

Croissant, signifiant *grandir*, comme quand on l'applique aux hommes, aux arbres, aux plantes, ne saurait être que verbe.

CROULANT, qui croule. Par exagération on dit, *nous avons trouvé ces édifices* CROULANTS, c'est-àdire en très-mauvais état, et sur le point de tomber, de s'affaisser sur eux-mêmes.

Mais si l'on a à parler de l'action même de crouler, de l'instant même ou une chose croule, c'est le verbe : *nous passions près de ces lieux, quand tout à coup nous avons vu ces murs* CROULANT *et écrasant dans leur chute les malheureux qui en étaient près.*

CROUPISSANT est adjectif quand il qualifie certains liquides, et particulièrement l'eau qui est dans un état de repos et de corruption : *on voit près de ces lieux des eaux* CROUPISSANTES.—*Ces eaux* CROU-

PISSANTES *répandront, si vous n'en favorisez l'écou-lement, une mauvaise odeur jusque dans votre maison même.*

Mais si je dis, *ces eaux* CROUPISSANT, *vous en serez bientôt incommodé*, c'est-à-dire, *comme* ces eaux croupissent, etc. (Voir page 43, n° 27.)

DANSANT. Quoique ce mot ne soit pas dans le dictionnaire de l'Académie, nous pensons, d'accord avec l'usage, qu'il est régulier de dire, *voilà un air bien* DANSANT, *une figure qui n'est pas* DANSANTE.

On l'emploie encore comme adjectif pour désigner ceux des personnages d'un théâtre qui dansent : *les personnages* DANSANTS *sont souvent plus nombreux que les personnages parlants.*

Dansant, exprimant l'action de danser, est toujours verbe : *nous les avons trouvés chantant,* DANSANT, *jouant et s'amusant.*

DÉCHIRANT.
DÉCOURAGEANT. } Voir 1re catégorie, p. 49.
DÉGOUTANT.

DÉGOUTTANT, c'est-à-dire qui coule goutte à goutte.

Dégouttant, adjectif, ne peut jamais se dire des liquides mêmes, mais seulement des choses qui sont chargées de ces liquides. Ainsi nous disons bien, *il est rentré ayant la figure* DÉGOUTTANTE *de sueur, les mains* DÉGOUTTANTES *de sang, nous étions si mouillés que nos vêtements étaient* DÉGOUTTANTS *de pluie.* Mais dans aucun cas, on ne peut dire, *la sueur* DÉGOUTTANTE, *la pluie* DÉGOUTTANTE, *la rosée* DÉGOUTTANTE.

On voit la rosée DÉGOUTTANT *des feuilles,* c'est-à-dire, qui dégoutte des feuilles. *La sueur* DÉGOUTTANT *de son visage annonçait la célérité avec laquelle il était venu,* c'est-à-dire la sueur qui dégouttait de son visage.

On peut dire indifféremment, *ses cheveux* DÉGOUTTANTS *de sueur,* ou DÉGOUTTANT *de sueur, paraissaient sortir de l'eau.* En mettant *dégouttants,* on dit, ses cheveux *qui étaient dégouttants* de sueur, paraissaient sortir de l'eau ; en mettant *dégouttant,* la phrase signifie *comme* ses cheveux dégouttaient de sueur, ils paraissaient, etc. (Voir page 43, n° 27.)

Mais je n'aurais plus la liberté du choix, si je disais, *ses cheveux* DÉGOUTTANT *de sueur, on dirait qu'ils sortent de l'eau,* c'est-à-dire, *comme* ses cheveux dégouttent de sueur, on dirait, etc. (Voir p. 43, n° 27.) Ici on ne pourrait dire, comme dans l'exemple précédent, ses cheveux qui sont dégouttants de sueur, on dirait qu'ils sortent de l'eau.

DÉLIBÉRANT, se dit surtout des assemblées politiques : *corps* DÉLIBÉRANT, *assemblée* DÉLIBÉRANTE.

Nous les avons vus DÉLIBÉRANT, c'est-à-dire qui délibéraient, qui faisaient l'action de délibérer.

Cette assemblée DÉLIBÉRANTE, *nous l'avons vue* DÉLIBÉRANT. C'est-à-dire, cette assemblée, communément appelée assemblée délibérante, nous l'avons vue au moment où elle délibérait, où elle faisait l'action de délibérer.

DÉLIRANT n'est, dit l'Académie, guère usité qu'au figuré : *imagination* DÉLIRANTE.

Cette pauvre femme ne nous a pas reconnus,

nous l'avons trouvée DÉLIRANT, *c'est-à-dire qui dé- lirait*, nous l'avons trouvée à l'instant où elle extra- vaguait.

Mais nous pensons que quand il s'agit d'exprimer non l'instant où le patient extravague, mais sa situa- tion, ou plutôt le degré de sa maladie, on doit faire délirant adjectif : *hier encore elle avait sa raison, aujourd'hui elle est* DÉLIRANTE. — *Quoique dans ce moment elle n'extravague point*, *elle n'en est pas moins* DÉLIRANTE, *c'est-à-dire à l'état de délire.*

DEMEURANT, RÉSIDANT, qui est logé en quelque lieu.

Il n'est, dit l'Académie, d'usage au féminin qu'en style de pratique : *il s'est transporté au lieu où la- dite dame est* DEMEURANTE, RÉSIDANTE.

Quant à nous, et alors même que *demeurant* et *résidant* sont précédés du verbe *être*, nous ne nous ferons pas scrupule de considérer *demeurant* et *ré- sidant* comme étant toujours invariables : *ces dames habitent telle maison; c'est là que vous les trouve- rez* DEMEURANT, RÉSIDANT, *c'est là qu'elles sont* DE- MEURANT, RÉSIDANT. (Voir page 47, nº 30, les motifs qui nous déterminent.)

DÉNIGRANT. Voir 1ʳᵉ catégorie, page 49.

DÉPENDANT, qui est subordonné. *Dans les gou- nements absolus, il n'y a que des hommes* DÉPEN- DANTS *d'un maître; dans les états constitutionnels, les hommes ne sont* DÉPENDANTS *que de la loi.* — *Dans cette mécanique, que de pièces* DÉPENDANTES *les unes des autres !*

Ces pièces DÉPENDANT *les unes des autres, s'il en*

manque une seule, le reste ne fonctionne plus ; c'est-à-dire, *comme* ces pièces dépendent. (Voir page 45, n° 27.)

Dépendant, pris dans le sens de faire partie de quelque chose, y appartenir, peut également être adjectif : *j'ai acheté la ferme et les bâtiments qui en sont* DÉPENDANTS.

DÉPLAISANT, qui est désagréable.

Ce sont des hommes DÉPLAISANTS, *qui tiennent souvent des propos* DÉPLAISANTS.

Cette dame nous DÉPLAISANT *par ses minauderies, nous ne la voyons plus*, c'est-à-dire, *comme* cette dame nous déplaisait. (Voir n° 27.)

DÉPOSANT. En termes de palais, on dit *les témoins* DÉPOSANTS, *les femmes* DÉPOSANTES. Mais nous pensons que, dans ces expressions mêmes, *déposant* n'est adjectif que quand il désigne ceux des témoins qui déposent, pour les distinguer de ceux que les juges croient ne pas devoir entendre : *sur dix témoins assignés et présents à l'audience, il n'y en a eu que cinq* DÉPOSANTS.

Nous avons entendu ces témoins DÉPOSANT, c'est-à-dire à l'instant où ils déposaient, où ils faisaient l'action de déposer.

DESCENDANT, MONTANT, ne sont adjectifs que quand ils qualifient des noms dont ils sont en quelque sorte partie intégrante, comme *dans garde* DESCENDANTE, par opposition à garde MONTANTE ; *les bateaux* MONTANTS, *les bateaux* DESCENDANTS. — *Il est entré dans le port à la marée* MONTANTE, *et nous en sortîmes à la marée* DESCENDANTE.

La marée MONTANT, *vous n'avez plus que quelques heures à attendre, pour que vous puissiez vous embarquer;* c'est-à-dire, *comme* la marée est en voie de monter, d'arriver, vous ne tarderez pas, etc.

Nous trouvâmes les uns MONTANT, *les autres* DESCENDANT, c'est-à-dire les uns qui montaient, les autres qui descendaient : or, *montant* et *descendant* sont verbes.

DÉSESPÉRANT. (Voir 1ʳᵉ catégorie, p. 49.)

DÉSHONORANT. *On lui a reproché des actes* DÉSHONORANTS, *une conduite* DÉSHONORANTE.

De tels faits DÉSHONORANT, *gardez-vous-en à tout jamais, mon cher fils !* c'est-à-dire, *comme* de tels faits *déshonorent*, gardez-vous-en. (Voir page 45, nᵒ 27.)

DÉSOBÉISSANT. *Les enfants* DÉSOBÉISSANTS *sont insupportables. — Aujourd'hui ils sont souples et dociles, autrefois vous les eussiez vus roides et* DÉSOBÉISSANTS.

Ces jeunes gens que je croyais dociles, *je les ai vus hier* DÉSOBÉISSANT *à leur mère*, c'est-à-dire, je les ai vus faisant l'action de désobéir, à l'instant même où ils désobéissaient.

DÉSOBLIGEANT.
DÉSOLANT. } Voir 1ʳᵉ catégorie, p. 49.

DESSÉCHANT. *Depuis plusieurs jours il règne des vents* DESSÉCHANTS. — *Les vents* DESSÉCHANTS *du midi ont brûlé ces jeunes plantes.*

Ces grands vents DESSÉCHANT *vite la terre, il im-*

porte que vous arrosiez ces plantes soir et matin.

DÉTERMINANT. (Voir 1ʳᵉ catégorie, page 49.)

DÉVORANT est adjectif dans les expressions suivantes : *le lion, l'ours, le tigre, etc., sont des bêtes* DÉVORANTES, c'est-à-dire qui mangent en dévorant. — *Estomac dévorant, faim dévorante, appétit dévorant.*

Au figuré et poétiquement, *la flamme dévorante.* — En style soutenu, *le temps, dans sa marche* DÉVORANTE, *anéantit tout.* — *Climat dévorant, air dévorant,* c'est-à-dire dangereux.

Nous avons vu les flammes DÉVORANT *ces beaux édifices.* (Voir page 43, n° 26). — *Ces climats* DÉVORANTS *tuèrent la moitié de son armée.* Ici *dévorant* est adjectif, parce qu'il qualifie les climats. — *Ces climats* DÉVORANT *les troupes, on abandonna la colonie... Dévorant,* ayant un régime ou complément direct, est verbe. (Voir page 43, n° 26.)

DIFFAMANT. (Voir 1ʳᵉ catégorie, page 49.)

DISCORDANT. *Voix, instruments, tons* DISCORDANTS.

On le dit par extension des choses qui ne vont pas bien ensemble : *couleurs* DISCORDANTES.

Au moral, on dit aussi, *opinions* DISCORDANTES, *caractères* DISCORDANTS.

Ces instruments DISCORDANT, *il est impossible qu'il en sorte une musique supportable;* c'est-à-dire, comme ces instruments discordent, etc. (Voir page 43, n° 27.)

DIRIGEANT.
DISSOLVANT. } Voir 1ʳᵉ catégorie, p. 49.

DISSONANT. *Sons dissonants, notes dissonantes entre elles.* Il ne saurait guère être qu'adjectif.

DIVERTISSANT. *Caractère, spectacle, homme divertissant, humeur divertissante.*

De tels jeux, de tels spectacles DIVERTISSANT *les enfants, nous y conduisons quelquefois les nôtres.* Ici *divertissant*, ayant pour régime direct *les enfants*, est verbe.

DOMINANT. *Parti dominant, passion dominante, religion dominante, couleur dominante. — La chasse et la musique sont ses goûts* DOMINANTS.

Ils ont l'un et l'autre la même propension; partout on les voit dominant ; c'est-à-dire faisant partout l'action de dominer, de commander.

DONNANT est toujours adjectif, quand il signifie *qui aime à donner.* Nous ferons remarquer que le plus souvent il ne s'emploie qu'avec la négation : *si elle est prodigue, les deux frères, au contraire, ne sont guère* DONNANTS. — *Cette bonne vieille n'est pas* DONNANTE. — *Votre sœur est une personne bien* DONNANTE.

DORMANT. (Voyez ce mot, page 30, où il est longuement traité.)

ÉBLOUISSANT. (Voir 1ʳᵉ catégorie, page 49.)

ÉCHAUFFANT, RAFRAICHISSANT ne sont adjectifs que quand ils se disent de ce qui est propre à échauffer, à rafraîchir la nature animale : *aliments, remèdes* ÉCHAUFFANTS ; *nourriture* ÉCHAUFFANTE,

4.

exercices ÉCHAUFFANTS ; par opposition à *remèdes* , *aliments* RAFRAICHISSANTS , *nourriture* RAFRAICHISSANTE, c'est-à-dire propre à rafraîchir le corps.

Passé ces cas , *échauffant* et *rafraîchissant* sont verbes : *ces remèdes* ÉCHAUFFANT , *ces aliments* RAFRAICHISSANT *beaucoup, n'en faites pas un usage immodéré ;* c'est-à-dire, *comme* ces aliments rafraîchissent beaucoup, n'en faites pas, etc. (Voir page 43, n° 27.)

ÉCLATANT. *Pierres , lumière , blancheur , couleurs* ÉCLATANTES ; *son* ÉCLATANT , *voix* ÉCLATANTE.

Au figuré, *services* ÉCLATANTS, *vengeance, vertu, gloire* ÉCLATANTE.

Ces guerriers sont rentrés dans leur patrie ÉCLATANTS *de gloire ;* c'est-à-dire couverts de gloire. — *Ces jeunes personnes sont d'une beauté* ÉCLATANTE, *sont* ÉCLATANTES *de beauté.*

L'or et les pierreries ÉCLATANT *de toutes parts, nous étions éblouis ;* c'est-à-dire, *comme* l'or et les pierreries éclataient de toutes parts, nous étions éblouis. (Voir page 43, n° 27.)

ÉCUMANT. (Voir de la page 53 à la page 40, où ce mot est longuement traité.)

ÉDIFIANT.
EFFRAYANT.
EMBARRASSANT.
ENCOURAGEANT.
ENDURANT.
ENGAGEANT.

Voir 1re catégorie, p. 49.

ENIVRANT. *Vin* ENIVRANT, *boisson* ENIVRANTE.—

Au figuré, *applaudissements, succès* ENIVRANTS, *louanges* ENIVRANTES.

Ne faites jamais un usage immodéré de boissons ENIVRANTES. — *Le vin et les spiritueux* ENIVRANT, *n'en faites pas un usage immodéré;* c'est-à-dire, *comme* le vin et les spiritueux enivrent. (Voir page 43, n° 27.)

ENNUYANT.
ENTRAINANT. } Voir 1ʳᵉ catégorie, p. 49.
ENTREPRENANT.

ERRANT est forcément adjectif, lorsqu'il signifie *qui est sans demeure fixe.* Il est adjectif et non verbe, parce qu'alors il marque l'*état :* la police, *dans tous les pays, surveille et arrête les hommes* ERRANTS; c'est-à-dire qui n'ont pas de demeure fixe. — *Il y a bien des contrées encore dont les peuplades vivent* ERRANTES; c'est-à-dire sans demeure fixe. — *Durant les grandes chaleurs, la police, dans les grandes villes, a raison de faire périr ou d'abattre les chiens* ERRANTS; c'est-à-dire sans maître, sans gîte. — *Il y a dans le firmament un nombre infini de corps* ERRANTS, *d'étoiles* ERRANTES; c'est-à-dire qui n'occupent pas un point fixe. — *Les Israélites vivent* ERRANTS *sur tous les points du globe ;* c'est-à-dire sans patrie fixe.

Mais *errant* exprimant quelque chose de passager est indifféremment verbe ou adjectif, parce qu'alors il s'agit de circonstances mixtes, c'est-à-dire de cas où, selon les vues de l'esprit, on peut voir du mouvement ou un état : *nous rencontrâmes ces enfants*

ERRANT OU ERRANTS *dans la forêt*. En mettant *errant*, c'est comme si l'on disait, qui erraient, qui allaient çà et là, sans but fixe. En se servant de l'adjectif *errants*, c'est comme si l'on disait, qui étaient errants, qui étaient égarés dans la forêt. On dirait de même, *nous les rencontrâmes* ERRANT *sur la mer* OU ERRANTS *sur la mer*.

ÉTINCELANT. *Aujourd'hui les étoiles sont* ÉTINCELANTES. — *Cette dame avait une parure* ÉTINCELANTE.

Faut-il faire *étincelant* verbe ou adjectif dans la phrase suivante ? *quand nous entrâmes, ses yeux* ÉTINCELANT *de colère ou* ÉTINCELANTS *de colère, annonçaient une irritation que notre présence contribua à calmer*. Sans proscrire absolument l'adjectif, nous donnerons la préférence au verbe, parce qu'il s'agit de peindre l'animation, l'agitation du regard.

Au figuré, *les ouvrages de cet auteur sont* ÉTINCELANTS *d'esprit*.

ÉTONNANT.
ÉTOUFFANT,   } Voir 1re catégorie, p. 49.
ÉTOURDISSANT.

ÉVACUANT n'est guère adjectif que dans *remèdes* ÉVACUANTS, *drogues, préparations* ÉVACUANTES.

EXCÉDANT.
EXCITANT.   Voir 1re catégorie, p. 49.
EXIGEANT.

EXISTANT. *Toutes les créatures* EXISTANTES *tiennent l'être de Dieu*. — *On a saisi tous ses biens et tous ses effets* EXISTANTS. — *Cette puissance saura bien faire respecter les traités* EXISTANTS.

Toutes les créatures EXISTANT *par la puissance*

de Dieu, celles qui sont douées de la raison lui doivent de la reconnaissance; c'est-à-dire, *comme* les créatures existent, etc. (Voir page 43, n° 27.)

EXPECTANT. *Médecine* EXPECTANTE, c'est-à-dire qui laisse faire beaucoup à la nature, par opposition à médecine *agissante*, c'est-à-dire qui emploie des remèdes énergiques. (Du reste il n'existe pas de verbe *expecter*.)

EXPIRANT. (Voir page 24, où ce mot est longuement traité.

FATIGANT.
FÉCONDANT. } Voir 1re catégorie, p. 49.

FERMANT, OUVRANT, etc., ne sont adjectifs que dans ces locutions : *à portes fermantes, à portes ouvrantes;* c'est-à-dire, quand on ferme, quand on ouvre les portes d'une place de guerre. On dit aussi *meubles fermants, des meubles fermants,* c'est-à-dire qui ferment à clef, par opposition aux meubles qui ne ferment pas ainsi.

FERRANT n'est adjectif que dans *maréchal* FERRANT. Ainsi employé, il nous sert à distinguer les maréchaux qui ferrent les chevaux, les mulets, les ânes, d'autres maréchaux qui ne les ferrent pas.

FILANT est adjectif dans étoiles *filantes*, et aussi quand il se dit d'une matière molle et tenace qui s'allonge en filets : *la glu est une matière* FILANTE, *beaucoup de liqueurs sont* FILANTES.—*Ces vins ont tourné à la graisse, je les ai trouvés* FILANTS. Ici *filant* est encore adjectif, parce qu'il se dit de l'état d'un vin qui, versé doucement, coule sans se diviser en gouttes.

Pris dans ses autres acceptions, *filant* ne peut être

que verbe : *nous avons vu ces femmes* FILANT *et* CAU-SANT , c'est-à-dire qui filaient et causaient. On dirait populairement , *ils agirent d'abord avec turbulence et en fanfarons ; mais bientôt nous les vîmes* FILANT, c'est-à-dire qui filaient, qui se retiraient , qui s'en allaient.

FILTRANT n'est adjectif que dans *fontaine* FIL-TRANTE. Ici FILTRANT nous sert à distinguer les fontaines qui filtrent de celles qui ne filtrent pas.

FLAMBANT. *Tisons* FLAMBANTS, *bûche* FLAMBANTE, c'est-à-dire, tisons embrasés, bûche embrasée. — *Apportez-moi quelques tisons* FLAMBANTS *afin que mon feu s'allume promptement.*

FLAMBOYANT. *Comète* FLAMBOYANTE, *astres* FLAM-BOYANTS. — *Dans les grandes chaleurs de l'été, le ciel est quelquefois* FLAMBOYANT *le soir.*— *Un temps magnifique ayant favorisé cette revue, on voyait partout des armes* BRILLANTES, *des casques* ÉCLA-TANTS, *des épées* FLAMBOYANTES.

FLÉTRISSANT. (Voir 1re catégorie, page 49.)

FLEURISSANT. *Nous avons trouvé les prairies* FLEURISSANTES, *les champs et les prés* FLEURISSANTS, c'est-à-dire *qui étaient fleuris.*

Mais si par *fleurissant*, on veut dire *qui commence à fleurir , qui est en voie de fleurir,* ce mot alors est verbe et invariable, encore même qu'on l'applique aux prés, aux champs et aux prairies : *il y a trois ou quatre jours, cette prairie était sans ornements, aujourd'hui nous l'avons trouvée* FLEURISSANT. Ici *fleurissant* m'est d'une nécessité absolue, pour que je puisse faire partager ma pensée; car ce que je veux dire, ce n'est pas que la prairie *est fleurie*, mais seulement qu'elle *commence* à fleurir, que les fleurs commencent à éclore : or c'est là une action, un travail qui ne peut se rendre que par le verbe.

Mais que je dise *les* FLEURISSANTES *prairies* ou *les prairies* FLEURISSANTES *donnent à la nature un air de fête*, je parle d'un fait accompli quant aux fleurs, je les montre comme existant déjà, comme étant épanouies; et c'est cette existence, c'est leur aspect qui donne à la nature un air de fête.

Mais, et pour le répéter encore, en disant, *les prairies* FLEURISSANT *donneront bientôt à la nature un air de fête*, je ne parle plus d'un fait accompli, je présente les prairies *commençant à fleurir*, je les montre comme *en travail*, et devant bientôt donner à la nature un air de fête : or *fleurissant* est verbe.

Au figuré, on dit *florissant et non fleurissant :* un empire *florissant : à cette époque les arts étaient* FLORISSANTS.— *A sa mort ce prince laissa ses Etats* FLORISSANTS ; *les arts* FLORISSANT *dans ce royaume, les artistes de tous les pays y abondent;* c'est-à-dire *comme* les arts fleurissent, ou *parce que* les arts fleurissent, etc. (Voir page 43, n° 27.)

FLOTTANT. Nous pensons que *flottant vers* est le seul cas où ce participe présent reste verbe, et conséquemment invariable : *nous vîmes des débris* FLOTTANT *vers les côtes*. Partout ailleurs, nous le considérerons indifféremment comme adjectif ou comme verbe : *l'explosion ayant fait sauter le navire, une foule de malheureux disparurent sous les débris* FLOTTANTS OU FLOTTANT *çà et là sur la mer*.

Le motif qui nous fait considérer comme verbe, et conséquemment écrire invariable le participe *flottant*, suivi de la préposition *vers*, c'est que quand nous disons *des débris* FLOTTANT *vers le rivage*, nous exprimons une action qui s'exécute comme si elle était dirigée par un être *actif* et pensant : les débris en effet flottent vers un but, avancent vers le rivage, comme y flotte et s'y dirige un navire monté par un équipage.

Mais j'écrirai indifféremment, *ces malheureux disparurent sous des débris* FLOTTANT OU FLOTTANTS *çà et là sur la mer*, parce que j'ai à exprimer une circonstance mixte, je veux dire représentant tout à la fois du *mouvement et une situation :* le seul mot *flotter* justifie la circonstance de *mouvement ;* et ces autres, *çà et là sur la mer* établissent non moins évidemment une *situation :* effectivement *flotter çà et là sur la mer*, c'est y être délaissé, abandonné ; on y exécute un mouvement, il est vrai, mais c'est un mouvement machinal exécuté par un être passif.

NOTA. On dit en faisant *flottant* toujours adjectif, *îles* FLOTTANTES, en parlant de certaines îles formées par des sables qui surnagent à la surface de la mer. — *Les feuilles de cette plante aquatique sont* FLOTTANTES. — *Robes* FLOTTANTES, *pantalons* FLOTTANTS, pour les distinguer d'autres robes ou d'autres pantalons qui ne flottent pas, qui sont moins amples.— Au figuré, *esprit* FLOTTANT, c'est-à-dire incertain, irrésolu. — *Dette* FLOTTANTE, c'est-à-dire sujette à varier, dont le chiffre n'est pas réglé.

FONDANT ne s'emploie comme adjectif que dans

fruits FONDANTS, *poires* FONDANTES; à la différence d'autres fruits, d'autres poires qui sont *cassantes*.

Cependant on trouve dans quelques littérateurs *fondant* employé comme adjectif dans des exemples analogues à ceux-ci : *je trouvai ces enfants* FONDANTS *en larmes, je la laissai* FONDANTE *en pleurs*.

A ce sujet, nous ferons remarquer, 1° que l'Académie ne donne aucun exemple de l'emploi de *fondant* pris comme adjectif en ce sens; 2° et que par *fondre en larmes*, ou *pleurer*, ou *verser des pleurs*, on exprime uniquement une action : d'où nous concluons qu'il faut dire, *je trouvai ces enfants* FONDANT *en larmes, je vis ces dames* FONDANT *en pleurs*.

FORTIFIANT. (Voyez *affaiblissant*.)

FOUDROYANT. (Voir 1re catégorie, p. 49.)

FOULANT. (Voir *aspirant*.)

FRAPPANT. (Voir 1re catégorie, page 49.)

FRÉMISSANT. (Voir page 33.)

FULMINANT, lorsqu'il signifie, qui lance la foudre, qui est armé de la foudre, ne se dit que de Jupiter : *Jupiter* FULMINANT.

Pris comme terme de chimie, il signifie qui éclate : *poudre* FULMINANTE.

Au figuré, on l'emploie aussi comme adjectif : *une personne* FULMINANTE, pour dire qui éclate en menaces, qui se livre à de grands emportements.

Or, avons-nous à parler de personnes sous le rapport du caractère, nous nous exprimerons ainsi : *quoique ces hommes paraissent calmes, on les dit* FULMINANTS. — *On nous avait dépeint cette dame comme étant vive ; non-seulement elle nous a paru telle, mais encore nous l'avons trouvée* FULMINANTE, c'est-à-dire ayant l'habitude de fulminer, ayant le caractère fulminant.

Appliqué non au caractère, mais à des actes particuliers, à des faits isolés, le mot *fulminant* est verbe : *à notre arrivée, nous la trouvâmes* FULMINANT, c'est-à-dire qui fulminait, qui faisait l'action de fulminer.

FUMANT. (Voir les pages 35 et 38, où ce mot est longuement traité.)

FUYANT. (Voir ce mot page 29, où il est longuement traité.)

GAGNANT et **PERDANT.** Ils ne sont adjectifs que dans *billets gagnants, billets perdants.* On les emploie aussi comme noms communs : *vous êtes du nombre des* GAGNANTS, *et moi du nombre des* PERDANTS.

Leur jeu a souvent varié : nous les avons vus tantôt GAGNANT, *tantôt* PERDANT, c'est-à-dire qui gagnaient et perdaient tour à tour.

GÉMISSANT. Au propre, il signifie exprimer sa douleur d'une voix plaintive et non articulée, alors il est verbe : *leur douleur a été si vive, que toute la nuit nous les avons entendus* GÉMISSANT, c'est-à-dire poussant des cris plaintifs qui leur étaient arrachés par la douleur : *les tourterelles* GÉMISSANT *inspirent de la mélancolie,* c'est-à-dire, les tourterelles, *quand* elles gémissent. (Voir page 43, nº 27.)

Mais il faut dire, en faisant *gémissant* adjectif, *la* GÉMISSANTE *tourterelle attriste par son chant.* Ici il n'est nullement question d'une tourterelle alors qu'elle gémit, car dans ce cas ce serait le verbe, mais de la faculté naturelle qu'elle a de gémir. On dirait de même, *il nous appela d'une voix plaintive et* GÉMIS-SANTE.

Au figuré, *gémissant* ne peut-il être que verbe, ou devient-il quelquefois adjectif?

Sans contredit, il est verbe toutes les fois qu'il signifie que quelqu'un gémit, c'est-à-dire manifeste sa plainte par des paroles : *souvent nous les avons entendus* GÉMISSANT, c'est-à-dire qui gémissaient, qui se plaignaient. *Souvent nous les avons vus* GÉMISSANT *sous la tyrannie qui pèse sur eux*, c'est-à-dire manifestant douloureusement leurs plaintes par des paroles.

Mais si, au lieu du fait de gémir, du fait de se plaindre, il s'agissait d'exprimer par *gémissant* une situation pénible, malheureuse, *gémissant* serait alors adjectif : *dans toute l'étendue de ce vaste empire, on ne trouve que des populations oppressées et* GÉMISSANTES. Ici on ne veut plus montrer des populations manifestant leurs plaintes par des paroles, mais les représenter dans la situation de gens malheureux, de gens douloureusement affectés. De même on dirait, *la* GÉ-MISSANTE *Pologne pleure sa nationalité*, c'est-à-dire la malheureuse Pologne.

Gémissant, suivi d'une préposition, nous semble devoir être toujours verbe : *nous avons laissé cette pauvre famille* GÉMISSANT *sous le poids de cruels malheurs.*

GÊNANT. (Voir 1re catégorie, page 49.)

GISANT. *Nous les avons laissés tous les deux* GI-SANTS *malades dans leur lit. — Après cet engage-*

ment, on trouva un grand nombre de cadavres GI-SANTS *dans la poussière.* — *On la trouva* GISANTE *sur le carreau, et baignée dans son sang.*

GLAÇANT. (Voir 1ʳᵉ catégorie, page 49.)

GLAPISSANT. *Les* GLAPISSANTS *renards* ou *les renards* GLAPISSANTS *sont maîtres en fait de ruse.* — *Glapissant* est adjectif, parce qu'il qualifie les renards, parce qu'il les caractérise par une faculté naturelle.

Mais cet adjectif ne peut plus me convenir, si j'ai à parler du moment même où les renards font l'action de glapir; dans ce cas , il faut le verbe, dans ce cas, il faut *glapissant : les renards* GLAPISSANT *décèlent leur présence;* c'est-à-dire les renards, quand ils glapissent , quand ils font l'action de glapir : or *glapissant* est verbe.

Glapissant s'emploie aussi au figuré : *elle a chanté d'un ton* GLAPISSANT, *d'une voix* GLAPISSANTE.

GLISSANT, appliqué aux choses sur lesquelles on glisse, ne saurait être qu'adjectif: *depuis ces derniers froids, les chemins sont devenus* GLISSANTS.—*Glissant* signifiant qui coule est toujours verbe. Il ne saurait y avoir de méprise entre cet adjectif et ce verbe.

GRIMAÇANT. *Il a la physionomie* GRIMAÇANTE, *d'un bouffon.* — *La mobilité de sa figure lui permet de rendre tous ses traits* GRIMAÇANTS. On dit aussi *la figure* GRIMAÇANTE *d'un tableau, des vêtements* GRIMAÇANTS.

GRIMPANT. *Plantes* GRIMPANTES, *arbustes* GRIM-

PANTS, c'est-à-dire qui ont la propriété de grimper : *le lierre et la vigne sont des plantes* GRIMPANTES.

La chèvre GRIMPANTE *va paître jusqu'au bord des précipices.* Ici j'emploie l'adjectif, parce que je ne veux pas montrer une chèvre au moment où elle grimpe, mais la qualifier par la faculté qui lui est naturelle de grimper. — *Les chèvres* GRIMPANT *jusqu'au bord des précipices, on tremble en les voyant ainsi s'exposer;* c'est-à-dire, *comme* les chèvres grimpent. (Voir page 15, n° 12, d'autres exemples et d'autres considérations sur ce mot.)

HALETANT. (Voir pages 33, n° 24, une longue dissertation sur ce mot.)

HUMECTANT.
HUMILIANT.
IMPATIENTANT. } Voir 1re catégor., p. 49.
INQUIÉTANT.
INSINUANT.

INSPIRANT. Voir page 28, n° 20.

INSULTANT.
INTÉRESSANT. } Voir 1re catégorie, p. 49.

INTERVENANT n'est adjectif qu'en pratique, et ne s'emploie guère que dans ces expressions, *être* ou *demander à être partie* INTERVENANTE *au procès.*

Il s'emploie aussi comme nom : *l'*INTERVENANT *a été condamné.*

IRRITANT. (Voir 1re catégorie, page 49.)

JAILLISSANT n'est adjectif que dans ces expressions, *eaux* JAILLISSANTES, *fontaine* JAILLISSANTE, c'est-à-dire, fontaine, eaux qui jaillissent, par opposition aux eaux qui ne jaillissent point : *son parc est arrosé par des eaux* JAILLISSANTES.

Mais il faut dire en faisant *jaillissant* verbe, *tout à coup les eaux* JAILLISSANT, *nous fûmes inondés.*—*Après ce coup de sonde, nous vîmes avec plaisir l'eau* JAILLISSANT *et coulant avec abondance* (c'est-à-dire qui jaillissait), *et depuis lors nous avons des eaux* JAILLISSANTES.

JAUNISSANT n'est adjectif que dans le style poétique, et ne s'applique guère qu'aux blés, aux moissons. Quand un poëte dit, *les épis* JAUNISSANTS, *les* JAUNISSANTES *moissons allaient bientôt tomber sous la faux du moissonneur*, il qualifie les épis, sous le rapport de leur aspect, il en constate l'état apparent; c'est comme s'il disait, les épis et les moissons qui dans ce moment sont un peu jaunes, déjà jaunes.

Mais il faut dire avec le verbe, *les épis* JAUNISSANT, *les moissons se feront bientôt*, parce qu'on a à exprimer du mouvement, du progrès; c'est effectivement comme si l'on disait, les épis *commençant* à jaunir, les épis étant *en voie* de maturité, les moissons se feront bientôt.

JOIGNANT. Quand il signifie qui est contigu, et qu'il est suivi de la préposition *à*, est toujours adjectif; passé cela, il est verbe : *une maison* JOIGNANTE A *la mienne.*

On trouve dans l'Académie, et au lieu même où elle traite de *joignant*, considéré comme adjectif, *mon champ joignant la prairie.* Nous regardons cet exemple comme le résultat d'une inadvertance, car il autoriserait à dire *une maison* JOIGNANTE *la mienne, une maison* JOIGNANTE *mon parc,* exemples évidemments fautifs, et qu'on redresse en disant, *il a une maison* JOIGNANTE *à la mienne,* ou JOIGNANT *la mienne, et une propriété* JOIGNANTE *à mon parc,* ou JOIGNANT *mon parc.*

JOUISSANT. Quoique en pratique on dise, *fille* USANTE *et* JOUISSANTE *de ses droits,* faites *usant* et *jouissant* toujours invariables, même dans cet exemple. *Usant* et *jouissant,* employés comme adjectifs, sont deux monstruosités. (Voir ces mots page 47, nº 30.)

JUSTIFIANT. (Voir 1ʳᵉ catégorie, page 49.)

LANGUISSANT marquant essentiellement l'état, nous paraît devoir être toujours adjectif : *ils nous ont semblé* LANGUISSANTS, *nous l'avons laissée* LANGUISSANTE *dans son lit.* — *On trouve ces plantes belles et fortes le long des chemins et dans les prairies, et* LANGUISSANTES *dans les forêts.*

Mais si *languissant* exprime le motif de l'action exprimée par le verbe qui l'accompagne, il reste verbe : *ces jeunes gens* LANGUISSANT *d'ennui et de tristesse dans ces pays éloignés, on a pris le parti de les renvoyer dans leur famille,* c'est-à-dire, *comme* ou *parce que* ces jeunes gens languissaient d'ennui et de tristesse, on a pris le parti, etc. (Voir page 43, nº 27.)

LASSANT. (Voir 1ʳᵉ catégorie, page 49.)

LUISANT. *Vers* LUISANTS, *couleurs* LUISANTES, *encre* LUISANTE, *figure* LUISANTE *de sueur.*

Faut-il dire, *ils arrivèrent la figure* LUISANTE *de sueur,* ou bien *la figure* LUISANT *de sueur ?* Nous pensons qu'en pareil cas le verbe serait une faute, attendu que, comme nous l'avons fait remarquer au mot *brillant*, c'est comme s'il y avait *figure luisante* PAR *la sueur*, AU MOYEN *de la sueur.*

Mais je dirai, *sa figure* LUISANT *de sueur*, *je jugeai qu'il avait forcé son pas ordinaire pour me suivre.* Le mot *luisant* serait verbe, parce que c'est comme s'il y avait, *comme* ou *parce que sa figure luisait de sueur*, je jugeai, etc. (Voir page 43, n° 27.)

Vers luisants. (Voir *volant.*)

MANGEANT. (Voir *buvant.*)

MARQUANT.

MENAÇANT. } Voir 1re catégorie, p. 49.

MÉPRISANT.

MÉDISANT. A-t-on à parler de l'action de médire, c'est le verbe : *je les ai entendus* MÉDISANT, c'est-à-dire qui médisaient. A-t-on à parler du caractère, c'est l'adjectif : *on les dit médisants*, c'est-à-dire enclins à *la médisance.*

De même je dirai, *on m'avait vanté leur franchise et leur indulgence, et je les ai trouvés peu communicatifs et* MÉDISANTS.

MÉRITANT. (Voir 1re catégorie, page 49.)

MEUBLANT n'est adjectif que quand il se dit de ce qui est propre à meubler : *les velours et les damas sont des étoffes bien* MEUBLANTES.

MILITANT ne s'emploie comme adjectif que dans cette seule expression : *église* MILITANTE, pour dire l'assemblée des fidèles sur la terre, par opposition à *église* TRIOMPHANTE, c'est-à-dire, l'assemblée des fidèles dans le ciel.

MONTANT. (Voir *descendant.*)

MORDANT n'est adjectif que dans *bêtes* MORDANTES; tels sont le blaireau, le renard, etc., par opposition à bêtes *broutantes*, c'est-à-dire le cerf, le cheval, le bœuf, etc. — Acide *mordant*, style *mordant*, humeur, parole *mordante*. — *Ces orateurs se sont montrés* MORDANTS.

Cet adjectif ne saurait se confondre avec le participe présent du verbe *mordre*.

MORTIFIANT. (Voir 1re catégorie, page 49.)

MOURANT. Avant tout, il est essentiel de faire remarquer (et cette remarque va puissamment contribuer à simplifier les difficultés que présente ce mot), que *mourant*, adjectif, exprime un état plus voisin de la mort, et dit par conséquent plus que *mourant*, verbe : *on nous prévint tard de l'état désespéré de notre sœur; à notre arrivée, nous la trouvâmes* MOURANTE, c'est-à-dire qui se mourait : or *mourant* est adjectif. — *Bien que* MOURANTS, *ces malheureux ont pu donner le signalement de leurs assassins.* — *Ces jeunes gens nous ont paru* MOURANTS; *nous les avons laissés* MOURANTS, c'est-à-dire au dernier soupir.

Mais très-souvent *mourant* est suivi d'une préposition; et, comme alors il a donné lieu à quelque controverse et à des applications fautives, nous allons examiner attentivement ce cas.

Mourant, suivi d'une préposition, est quelquefois adjectif et quelquefois verbe. Il est adjectif, s'il représente des moribonds, et verbe, s'il est employé par exagération. *Les naufragés de la Méduse, d'abord au nombre de cent quarante-huit sur un radeau, se réduisirent à quinze hommes, que, douze jours plus tard,*

5

un navire recueillit souffrants de mille excoriations, MOURANTS *de faim,* EXPIRANTS *de misère.* Ici l'adjectif est indispensable pour rendre l'état désespéré où ces malheureux étaient réduits par la faim ; c'étaient des hommes réellement mourants, réellement moribonds.

Après avoir chassé toute la journée, ces messieurs rentrèrent MOURANT *de faim.* Dans cet exemple, *mourant* est employé par exagération : il y a loin en effet de la situation d'hommes pressés par la faim et venant de la chasse, à celle d'autres hommes qui succombent, qui périssent faute d'aliments. Chez les chasseurs, c'est la faim qui agit, et c'est là ce qui motive l'emploi du verbe ; chez les naufragés, ce sont des hommes qui meurent, qui sont à l'état de moribonds, et c'est là ce qui nécessite l'emploi de l'adjectif.

AUTRES EXEMPLES. — *Ces enfants ont fait une chute si grave qu'on les a rapportés* MOURANTS *chez leur père.* — *Surprise et renversée par une voiture, cette personne a été relevée* MOURANTE. Dans ces deux exemples, il faut l'adjectif, parce qu'il s'agit d'un état désespéré, d'une situation qui fait craindre la mort.

Ces braves guerriers se précipitèrent dans la mêlée, et on les vit MOURANT *pour leur prince, pour l'honneur de la patrie.* Ici il faut le verbe, parce qu'il y a *action*. En effet, on nous montre des hommes qui, loin d'être expirants, mourants, sont au contraire pleins de vigueur, pleins de vie, qui s'agitent pour donner la mort au risque de la recevoir.

Remarquez quelle différence de situation entre les guerriers de l'exemple précédent et ceux de l'exemple qui suit : *mes deux amis ayant été l'un et l'autre*

frappés d'une balle tombèrent MOURANTS *à côté de moi.*
Ici *mourant* est adjectif, parce qu'il est appelé à exprimer l'état de gens réellement moribonds.

Dans la retraite de Moskou, combien n'a-t-on pas vu de soldats tomber dans la neige, y périssant, y MOURANT.
Ici *mourant* est verbe et non adjectif, parce qu'il a pour régime le pronom *y*; de plus, le participe est ici mis pour l'infinitif.

Vos oncles MOURANT, *il vous reviendra une jolie fortune,* c'est-à-dire, vos oncles, *quand ils mourront :* or *mourant* est verbe.

Au figuré, *mourant* se dit aussi des choses : *sentant sa fin prochaine, ce vieillard fit venir ses enfants, et leur parla d'une voix* MOURANTE, *d'un ton* MOURANT. — *Il a les yeux* MOURANTS, *la voix* MOURANTE, c'est-à-dire les yeux, la voix d'une personne qui se meurt.—*Yeux* MOURANTS se dit aussi d'yeux languissants et passionnés.

Mourant se dit encore par opposition à *vivant*, de même qu'on emploie *expirant* par opposition à *renaissant : nature* MOURANTE, *nature* VIVANTE ; *beaux jours* RENAISSANTS, *beaux jours* EXPIRANTS.

Par exemple, que j'aie à parler de ces régions voisines des pôles, et où la rigueur du climat fait qu'on ne trouve presque plus d'herbe ni d'arbres, je dirai, *sur cette terre déserte, l'œil attristé n'aperçoit plus qu'une végétation incertaine,* EXPIRANTE, MOURANTE.

Nous disons de même, *à l'approche de l'hiver, les arbres dépouillés de leurs feuilles, attestent une végétation* EXPIRANTE, MOURANTE. Dans ces deux exemples, *mourant, expirant* sont adjectifs, parce qu'ils expriment l'état ; là, en effet, ils font image avec la situation d'une personne *expirante, mourante,* qui en est à son dernier soupir. (Voir d'autres exemples, pages 16 et 17.)

MUGISSANT. *On voyait çà et là dans la plaine les taureaux* MUGISSANTS *et les brebis bélantes.* Ici je fais *mugissant* adjectif, parce que je ne veux nullement peindre des taureaux à l'instant qu'ils mugissent, mais les caractériser par la faculté naturelle qu'ils ont de mugir. (Voir d'autres exemples sur ce mot, page 5.)
— *Les taureaux* MUGISSANT *font retentir les échos d'alentour,* c'est-à-dire, les taureaux, quand ils mugissent : or *mugissant* est verbe.

Ce n'est qu'en poésie que le mot *mugissant* s'applique à la mer, aux vagues, aux vents, etc. On dirait, *la mer* MUGISSANTE *battait les flancs du navire.*

Les vents MUGISSANTS *du nord avaient rendu la mer furieuse.*

Mais *mugissant* est verbe toutes les fois qu'il est le motif de l'action exprimée par un autre verbe qui peut l'accompagner : *la mer* MUGISSANT, *les marins n'entendaient qu'imparfaitement les ordres du capitaine;* c'est-à-dire, parce que la mer mugissait, les marins n'entendaient qu'imparfaitement. — *Les vents* MUGISSANT *semblaient prédire la fin sinistre qui nous était réservée.* Dans ce dernier exemple, en faisant *mugissant* verbe, on dit, les vents *par leurs mugissements* semblaient prédire la fin sinistre qui nous était réservée. Dans ce dernier cas, on eût pu faire *mugissant* adjectif, et dire, *les vents* MUGISSANTS *semblaient prédire la fin sinistre qui nous attendait;* mais alors l'idée ne serait plus la même, car cette phrase signifierait , les vents furieux semblaient prédire.

Mais, pour donner un moyen sûr de distinguer le cas où *mugissant* est adjectif des autres cas où il devient verbe, nous ajouterons ,

Mugissant est adjectif dans deux cas :

1° Quand il est placé *avant* le nom auquel il se rapporte : *les* MUGISSANTS *taureaux. les* MUGISSANTS *aquilons*.

2° Et quand il ne peut pas se remplacer par ces mots, *par ses mugissements* ou *par leurs mugissements : les vents* MUGISSANTS *du nord élevaient les vagues, étaient déchaînés contre nous*. Ici on ne pourrait dire , les vents du nord par leurs mugissements élevaient les vagues : or *mugissant* est adjectif. — *Les vents* MUGISSANTS *emportaient le navire*. Ici encore, on ne pourrait dire , les vents par leurs mugissements emportaient le navire, car des mugissements ne peuvent emporter : donc *mugissant* est adjectif.

Mais *mugissant* est verbe, quand il peut se remplacer par ces mots, *par ses mugissements* ou *par leurs mugissements : les taureaux* MUGISSANT *font retentir les échos d'alentour*, c'est-à-dire, les taureaux *par leurs mugissements* font retentir : or *mugissant* est verbe. —*La mer* MUGISSANT *nous étourdissait, nous intimidait*, c'est-à-dire, la mer par ses mugissements nous étourdissait, nous intimidait. — *Les vents* MUGISSANT *semblaient prédire notre triste fin* , c'est-à-dire , les vents par leurs mugissements semblaient prédire : or *mugissant* est verbe.

NAISSANT. *Enfants* NAISSANTS, *arbres, talents* NAISSANTS.

De tous les êtres de la terre, les enfants NAISSANTS

sont ceux qui peuvent le moins se passer de la protec-
tion d'autrui.

Tous les enfants NAISSANT *faibles ont besoin de l'ap-*
pui d'autrui; c'est-à-dire, *comme* ou *parce que* les enfants naissent faibles, ils ont besoin , etc. (Voir page 43, n° 27.)

NAVRANT.
NOURRISSANT. } Voir 1ʳᵉ catégorie, p. 49.

OBÉISSANT n'est adjectif que quand il peut se
remplacer par *soumis* ou *docile : ces enfants se sont*
toujours montrés OBÉISSANTS, c'est-à-dire dociles. —
Nous avons toujours vu ces jeunes personnes OBÉISSAN-
TES *à tout ce qu'on exigeait d'elles* , c'est-à-dire soumises. — *Ces jeunes gens ont su rendre leurs passions*
OBÉISSANTES *à la raison*, c'est-à-dire soumises à la raison.

Dans les exemples qui précèdent, *obéissant* exprime
une qualité constante; mais s'il s'agissait , non du
caractère habituel, non d'une qualité constante ,
mais d'un fait isolé , *obéissant* serait verbe : *ces en-*
fants OBÉISSANT *à un sentiment d'humanité, ont partagé*
leur pain avec ce pauvre. Ici l'on parle non du caractère docile et soumis des enfants (il serait possible même qu'ils fussent d'un caractère insoumis, in-
docile), mais d'un fait particulier, d'une action iso-
lée : or c'est le verbe.

Ces jeunes personnes OBÉISSANT *à tout ce qu'on exige*
d'elles, se font aimer de ceux qui les connaissent; c'est-
à-dire, *comme* ou *parce que* ces jeunes personnes
obéissent à tout, etc. (Voir page 43, n° 27.)

OBLIGEANT. (Voir 1ʳᵉ catégorie, page 49.)

OCCUPANT. *Avoué* OCCUPANT se dit, en termes de

palais, d'un avoué chargé d'une affaire en justice.

Occupant est encore adjectif, quand il signifie *possesseur : nous étions* OCCUPANTS, *et nous avons été dépossédés ;* c'est-à-dire nous étions *possesseurs ,* et on nous a dépossédés.

Partout ailleurs *occupant* est verbe : *nous les avons vus s'*OCCUPANT. — *Je les ai trouvés* OCCUPANT *leur temps à des futilités.*

OFFENSANT. (Voir 1ʳᵉ catégorie, page 49.)

OFFICIANT. (Voir *assistant.*)

ONDOYANT. *Vagues , fumées, flammes, moissons, plaines* ONDOYANTES, *cheveux* ONDOYANT. *Il y a des personnes qui naissent avec des cheveux* ONDOYANTS, *qui ont les cheveux naturellement* ONDOYANTS. — *Vos cheveux* ONDOYANT *naturellement, vous vous trouvez, sans le secours de l'art, à la mode du jour ;* c'est-à-dire, *comme ou parce que* vos cheveux ONDOIENT. (Voir page 43, nᵒ 27.)

OPPOSANT est le plus souvent un terme de jurisprudence : *nous nous sommes rendus* OPPOSANTS *à l'exécution de cet arrêt.* — *Elle a été reçue* OPPOSANTE. — *Il y a plusieurs* OPPOSANTS *à la saisie.* Dans ce sens il est quelquefois nom commun.

On l'emploie aussi dans le langage ordinaire, soit comme adjectif, soit comme nom : *parti* OPPOSANT, *minorité* OPPOSANTE ; *il y a beaucoup d'*OPPOSANTS.

OUTRAGEANT. *Ce monsieur s'est permis des propos* OUTRAGEANTS, *des paroles* OUTRAGEANTES, *des procédés* OUTRAGEANTS.

NOTA. Employé comme adjectif, *outrageant* ne se dit que des choses. En rapport avec les personnes , *outrageant* ne saurait être que verbe : *on les voit mépri-*

sant tout le monde, calomniant et OUTRAGEANT les hommes les plus honnêtes même.

OUVRANT. (Voir *fermant.*)

PALPITANT. (Voir de la page 33 à la page 43.)

PARLANT. *L'homme est la seule créature* PARLANTE,
c'est-à-dire la seule créature douée de la parole. *Il
est un poëme intitulé les animaux* PARLANTS. — *Personnages* PARLANTS, par opposition dans les pièces de
théâtre à *personnages muets*, c'est-à-dire qui ne font
que paraître et ne disent rien. — *Cette femme est* PAR-
LANTE, c'est-à-dire parle volontiers. — *Cet homme est
peu* PARLANT, c'est-à-dire a l'habitude de parler peu.
— *Des gestes, des regards* PARLANTS, c'est-à-dire ex-
pressifs. — *Vous êtes l'une et l'autre* PARLANTES *dans
votre portrait; cette tête est* PARLANTE, c'est-à-dire
fort ressemblante.

Mais *parlant* est verbe, quand il exprime une action : *nous les avons trouvés* PARLANT, *causant*, c'est-
à-dire qui parlaient, qui causaient.

PASSANT. Il ne s'emploie comme adjectif que dans
ces expressions : *rue* PASSANTE, *chemin* PASSANT, c'est-
à-dire où il passe beaucoup de monde.

PAYANT. *Billets* PAYANTS, par opposition à billets
gratis ; *carte* PAYANTE, celle où a été relevée la dé-
pense qu'on a faite à un restaurant, par opposition à
une autre carte donnant la liste des mets qu'on trouve
à ce restaurant. — *Dix personnes assistaient à ce dîner,
mais il n'y en avait que cinq* PAYANTES. Dans ce sens,
il s'emploie aussi comme nom commun : *je suis un des*
PAYANTS.

Partout ailleurs *payant* est verbe : *nous les avons*

toujours vus PAYANT *avec plaisir,* PAYANT *généreusement ceux qui les servaient.*

PENDANT. *Manches, joues* PENDANTES. *Ce chien a les oreilles* PENDANTES *; s'en aller les bras* PENDANTS.

En pratique, on dit, *les fruits* PENDANTS *par les racines*, c'est-à-dire les blés, les fruits qui sont sur la terre, et dont on n'a pas encore fait la récolte. — *Ce procès est* PENDANT *à tel tribunal,* c'est-à-dire tel tribunal en est saisi. On dit dans le même sens, *la cause est* PENDANTE.

PÉNÉTRANT. (Voir 1re catégorie, page 49.)

PENSANT. *Etres* PENSANTS, *faculté* PENSANTE. — *Les êtres* PENSANTS *doivent remercier la Providence de les avoir ainsi distingués des êtres non* PENSANTS, *de les avoir ainsi placés au-dessus des êtres ne* PENSANT *point.*

Bien pensant, mal pensant se disent encore de ceux qui ont de bons ou de mauvais sentiments : *tous les hommes instruits et bien* PENSANTS *sont de cet avis.* — *Il n'y a que les gens mal* PENSANTS *qui puissent vous blâmer.*

Mais si les adverbes *bien* et *mal* qui précèdent *pensant* se trouvaient après, *pensant* alors serait verbe, et par conséquent invariable : *je les ai trouvés* PENSANT *bien,* PENSANT *mal.*

PERÇANT. (Voir 1re catégorie, page 49.)

PERDANT. (Voir *gagnant.*)

PERSÉCUTANT. *C'est un homme* PERSÉCUTANT, *une femme* PERSÉCUTANTE. — *Il a des créanciers* PERSÉCUTANTS.

PERSÉVÉRANT, PERSISTANT. *Quoiqu'ils aient éprouvé bien des contrariétés dans leurs travaux, ils sont restés* PERSÉVÉRANTS, PERSISTANTS. — *Nous de-*

vons être PERSÉVÉRANTS, PERSISTANTS *dans le bien.*

Ces enfants PERSÉVÉRANT *dans l'étude,* PERSISTANT *dans leurs bons sentiments, feront un jour des hommes distingués et honnêtes;* c'est-à-dire, *comme* ou *parce que* ces enfants persévèrent, ils seront un jour, etc. (Voir page 43, n° 27.)

PESANT. *L'or et le platine sont les plus* PESANTS *de tous les métaux.* — *Une main* PESANTE, *une écriture lourde,* PESANTE. — *Bien des gens se croient graves qui ne sont que* PESANTS. — *Quoiqu'ils aient des prétentions à faire les petits maîtres, nous les avons trouvés* PESANTS.

Je les vis PESANT *leurs marchandises,* c'est-à-dire qui pesaient, qui faisaient l'action de peser : or *pesant* est verbe.

Pesant est encore adjectif, lorsqu'il signifie qui est du poids réglé par la loi : *on n'est obligé dans le commerce que de recevoir les monnaies* PESANTES, *des espèces* PESANTES.

Pesant s'emploie aussi adverbialement : *une livre* PESANT *d'or.* — *Ce cheval traîne à lui seul quatre mille* PESANT.

PÉTILLANT est adjectif quand il exprime une qualité stable, et verbe s'il exprime l'action de pétiller : *il a des yeux* PÉTILLANTS *d'esprit.* — *Ses écrits m'ont paru* PÉTILLANTS *d'esprit.*

Dans certaines journées du printemps, et lorsque la végétation se développe, on entend les feuilles des arbres PÉTILLANT, *c.-à-d.* rompant leur enveloppe avec bruit.

Au figuré, nous disons indifféremment avec le verbe ou avec l'adjectif, *je les vis* PÉTILLANTS OU PÉTILLANT *d'ardeur, de joie, d'impatience, d'indignation, de colère.* Les raisons qui nous font indifféremment considérer *pétillant* comme verbe ou comme adjectif, sont les mêmes que nous avons données au mot *tressaillant.* (Voir de la page 33 à la page 43.)

PÉTRIFIANT. ⎫
PIQUANT. ⎬ Voir 1re catégorie, p. 49.

PIVOTANT n'est adjectif que quand on l'emploie comme terme de botanique ou d'agriculture : *racine* PIVOTANTE, *plante* PIVOTANTE, *arbre* PIVOTANT. — *En général les poiriers sont des arbres* PIVOTANTS, *c'est-à-dire la principale racine s'enfonce perpendiculairement en terre.* — *Les arbres* PIVOTANTS *appauvrissent moins que les autres la terre qui environne leur tronc;* c'est-à-dire, les arbres, de leur nature pivotants, ou les arbres, ordinairement appelés arbres pivotants, appauvrissent, etc.

Ces arbres PIVOTANT, *vous ne devez pas espérer qu'ils deviendront jamais bien vigoureux;* c'est-à-dire, *comme* ou *parce que* ces arbres pivotent, vous ne devez pas espérer, etc. (Voir page 43, n° 27.)

PLAIDANT n'est adjectif que dans les deux expressions suivantes : *parties* PLAIDANTES, et dans *avocat* PLAIDANT, c'est-à-dire qui a l'habitude de plaider, qui en fait profession, par opposition à *avocat consultant,* c'est-à-dire qui ne plaide pas, mais qui donne son avis, son conseil par écrit.

On dirait donc, en parlant d'avocats qu'on a vus plaider : *je les ai vus* PLAIDANT, c'est-à-dire qui plaidaient.

On dit de même *médecin* CONSULTANT, c'est-à-dire médecin qui donne des conseils aux malades sans se déranger, sans sortir de chez lui.

PLAIGNANT ne s'emploie comme adjectif que

dans cette seule expression, *la partie* PLAIGNANTE.

On dit aussi, en le faisant nom commun : *les plai-gnants, la plaignante.*

PLAISANT, adjectif, ne saurait se confondre avec *plaisant*, verbe.

PLEURANT est verbe quand il se dit simplement de l'action de pleurer, de verser des pleurs : *j'ai vu cette petite fille* PLEURANT. — *En rentrant chez lui, il a trouvé ses enfants* PLEURANT.

Mais *pleurant* est adjectif, lorsqu'à des pleurs fréquents se joint un état durable de tristesse : *depuis la mort de son fils, cette pauvre mère est restée* PLEU-RANTE, *inconsolable.*

PLONGEANT n'est adjectif que quand il exprime une direction de haut en bas : *les deux coups d'épée qu'il reçut étaient* PLONGEANTS.

Mais de ce que l'on dit bien, *de ce point élevé on a une vue* PLONGEANTE, doit-on conclure qu'on peut également dire, *de ce point élevé on a une vue* PLONGEANTE *sur une vallée fertile et animée ?* Non. Ici il faut *plongeant.* En effet, par cela seul que je dis *plongeant* SUR *une vallée,* je parle d'un fait, je dis que la vue s'étend sur une vallée, non directement, non horizontalement, mais en plongeant. Notre opinion est que *plongeant,* suivi d'une préposition, ne saurait être que verbe. Voir, pour ce mot, la raison que nous avons donnée au mot *agissant.*

Plongeant signifiant l'action de plonger dans un liquide quelconque, ne saurait être que verbe : *nous les avons vus se baignant et* PLONGEANT.

PORTANT, adjectif, ne s'emploie qu'étant précédé de l'un des adverbes *bien* ou *mal* : *nous avons trouvé* *vos frères bien* PORTANTS, c'est-à-dire en bonne santé, *et votre sœur mal* PORTANTE, c'est-à-dire dans un état de souffrance.

Mais, suivi de l'un de ces mêmes adverbes *bien* ou *mal*, le mot *portant* est verbe : *nous les avons laissés se* PORTANT *bien, se* PORTANT *mal.*

PRÉDOMINANT. *Le jeu est sa passion* PRÉDOMI-NANTE. — *La vertu* PRÉDOMINANTE *des vrais chrétiens, c'est la charité.*

La justice et la prudence PRÉDOMINANT *dans toutes ses actions, nous devons avoir confiance en lui;* c'est-à-dire, *comme* ou *parce que* la justice et la prudence pré-dominent, etc. (Voir page 43, n° 27.)

PRENANT n'est adjectif que dans cette expression, *queue* PRENANTE : *singe à queue* PRENANTE ; c'est-à-dire singe se servant de sa queue pour s'attacher aux arbres ou s'y suspendre.

PRESSANT. (Voir 1re catégorie, page 49.)

PRÉVENANT, c'est-à-dire obligeant, agréable, ne saurait se confondre avec le participe présent du ver-be *prévenir.*

PRÉVOYANT. (Voir 1re catégorie, page 49.)

PROVENANT. *Les* praticiens disent *les biens* PRO-VENANTS *de telle succession, les sommes* PROVENANTES *de la vente de sa maison.* Cette manière de dire et d'é-crire est contraire aux règles de la grammaire ; *pro-venant* ne saurait être que verbe : écrivez-le donc toujours sans le faire varier.

RAFRAICHISSANT. (Voir 1re catégorie, page 49.)

RAGOUTANT. *On n'a pu réveiller son appétit, même avec des mets fort* RAGOUTANTS.

Quoique depuis longtemps il ne mangeât pas, ces mets

le RAGOUTANT , *il dîne assez bien*; c'est-à-dire, *comme* ces mets le ragoûtent , il dîne , etc. (Voir page 43, n° 27.)

RAMOLLISSANT n'est adjectif que comme terme de médecine : *plantes, graines* RAMOLLISSANTES.

RAMPANT. *La couleuvre* RAMPANTE ou *la* RAMPANTE *couleuvre quelquefois se redresse et semble défier son ennemi.* Ici *rampante* est adjectif, parce qu'il qualifie, parce qu'il caractérise la couleuvre par une faculté inhérente à sa nature.

Mais cet adjectif ne peut plus me servir, si j'ai à parler du moment même où la couleuvre fait l'action de ramper; dans ce cas il faut le verbe, dans ce cas il faut *rampant : jugez de notre effroi, quand, près du lieu où nous étions assis, nous vîmes une couleuvre* RAMPANT. — *Pour se dérober à notre vue, ils se jetèrent à terre et se retirèrent, non debout, mais* RAMPANT. Dans ces deux exemples, *rampant*, marquant l'action, est verbe, et par conséquent invariable.

Rampant s'emploie aussi au figuré : *les portes du temple de la Fortune sont si basses , disent les poëtes, que ceux qui y pénètrent n'y entrent pas debout, mais* RAMPANT. Ici *rampant* est verbe, parce qu'il n'est nullement question du caractère de ceux dont on parle, mais d'une action à faire pour entrer dans le temple.

Les esprits bas et RAMPANTS *ne sauraient s'élever jusqu'au sublime.* — *Non-seulement je les ai trouvés souples , mais* RAMPANTS. Dans ces deux exemples, *rampant* est adjectif, parce qu'il s'agit d'une qualité , parce qu'il s'agit du caractère.

RASSASIANT. (Voir 1re catégorie, page 49.)

RASANT est adjectif employé comme terme de for-
tification : *feu* RASANT, *ligne* RASANTE, *flanc* RASANT.

On le dit encore comme terme de paysage : *vues*
RASANTES, c'est-à-dire qui s'étendent sur un pays
uni.

Cet adjectif ne saurait se confondre avec *rasant*,
verbe.

RASSURANT.
RAVISSANT. } Voir 1re catégorie, p. 49.

RAYONNANT. *Nous les avons trouvés* RAYONNANTS
de joie, RAYONNANTS *de gloire*. Dans ce cas, *rayonnant*
est adjectif par les mêmes raisons que nous avons
données au mot *brillant* : *ces généraux rentrèrent chez
eux* BRILLANTS *de gloire*, c'est-à-dire *brillants par* la
gloire. — *Nous les avons vus* RAYONNANTS *de joie*,
c'est-à-dire *rayonnants par la joie*.

REBUTANT. (Voir 1re catégorie, page 49.)

RÉCITANT, terme de musique. Il se dit des voix,
des instruments qui récitent seuls ou qui exécutent
la partie principale.

Partie RÉCITANTE, celle qui est chantée par une seule
voix, ou exécutée par un seul instrument.

RECONNAISSANT. (Voir 1re catégorie, page 49.)

RÉGALANT, c'est-à-dire amusant, réjouissant, est
un terme familier qui ne s'emploie qu'avec ironie :
*vous vous plaignez de sa mauvaise humeur; mais est-il
bien* RÉGALANT *pour elle de vous attendre si longtemps ?*

Cet adjectif ne saurait se confondre avec *régalant*,
verbe.

RÉJOUISSANT. (Voir 1re catégorie, page 49.)

RELUISANT. (Voir *brillant*.)

RÉGNANT. *Le roi* RÉGNANT, *le prince* RÉGNANT, *la famille* RÉGNANTE, c'est-à-dire qui règnent.

Au figuré, *goût* RÉGNANT, *politique* RÉGNANTE, *maladie* RÉGNANTE.

Les fièvres RÉGNANT *plusieurs mois de l'année dans ce pays, je vous engage à n'y pas fixer votre demeure;* c'est-à-dire, *comme* ou *parce que* les fièvres règnent, je vous engage, etc. (Voir page 43, n° 27.)

REMUANT est adjectif, s'il marque l'habitude, la manière d'être. *Il a quatre enfants vifs, bien portants,* REMUANTS, c'est-à-dire sans cesse en mouvement.

Au figuré, on dit de même, *ces troubles ont été fomentés par des esprits* REMUANTS, c'est-à-dire actifs, ennemis du repos.

Ces enfants sont infatigables, on les voit toujours remuant. Ici c'est le verbe, parce qu'on ne veut pas qualifier les enfants, mais exprimer un mouvement.

RENAISSANT. En poésie, on dit *les beaux jours* NAISSANTS ou RENAISSANTS, pour exprimer le retour du printemps; et *les beaux jours* EXPIRANTS, pour marquer les belles journées de l'automne.

Si des beaux jours NAISSANTS *on chérit les prémices,*
Les beaux jours EXPIRANTS *ont aussi leurs délices.*

Mais les mêmes mots *naissant, expirant,* sont verbes dans les exemples suivants : *au delà de ces déserts, où nous avions failli périr, tout à coup la nature* RENAISSANT, *nous contemplâmes avec une joie indicible les premiers brins d'herbes, les premières feuilles que nous aperçûmes;* c'est-à-dire, *comme* tout à coup la nature renaît, nous contemplâmes, etc. (Voir p. 43, n° 27.) Il en est de même de l'exemple suivant : *les beaux jours* RENAISSANT, *votre santé va se refaire;* c'est-à-dire, comme les beaux jours renaissent, votre santé, etc. (Voir page 43, n° 27.)

Renaissant se dit aussi, comme adjectif, de choses qui se répètent fréquemment, comme les besoins, les plaisirs, les demandes, les importunités, etc : *des plaisirs, des besoins* RENAISSANTS, *sans cesse* RENAISSANTS; *des importunités sans cesse* RENAISSANTES.—*Nos besoins* RENAISSANTS, *nos besoins sans cesse* RENAISSANTS *absorbaient nos ressources;* c'est-à-dire, nos besoins *répétés,* sans cesse *répétés* absorbaient, etc.

Mais si cette expression adverbiale *sans cesse* se trouvait placée après *renaissant,* ce mot alors serait verbe : *nos besoins* RENAISSANT *sans cesse absorbaient nos ressources;* c'est-à-dire, nos besoins, *parce qu'ils* renaissaient sans cesse, absorbaient nos ressources. (Voir page 43, n° 27.)

De même il faut dire avec le participe présent, *nos besoins* RENAISSANT, *nos besoins sans cesse* RENAISSANT, *nos besoins* RENAISSANT *sans cesse, nos ressources diminuaient d'une manière sensible et inquiétante;* c'est-à-dire, *comme* ou *parce que* nos besoins renaissaient, nos ressources diminuaient, etc. (Voir p. 43, n° 27.)

REPENTANT. *Elles ont été vives à votre égard, il est vrai, mais nous les avons trouvées bien* REPENTANTES *de cette légèreté.* — *Ces criminels se sont montrés bien* REPENTANTS. Mais accompagné d'un pronom, *repentant* ne saurait être que verbe : *nous les avons vus* SE REPENTANT *de leur faute.*

REPOUSSANT.
RÉPRIMANT. }Voir 1ʳᵉ catégorie, page 49.

RÉPUGNANT. *Cet auteur a avancé plusieurs propositions* RÉPUGNANTES *à la raison,* RÉPUGNANTES *à la foi; il a des maximes et des principes* RÉPUGNANTS *aux personnes honnêtes.*

Les principes de cet homme RÉPUGNANT *à mes sentiments, je n'en ferai pas mon ami, quelques qualités qu'il ait du reste;* c'est-à-dire, *comme* ou *parce que* les principes de cet homme répugnent à mes sentiments. (Voir page 43, n° 27.)

REQUÉRANT, terme de procédure, n'est guère usité, comme adjectif, que dans cette locution : *parties* REQUÉRANTES.

Plus ordinairement *requérant* est nom : *le* REQUÉRANT *prétend que ses intérêts sont lésés; la* REQUÉRANTE *demande telle somme.*

RÉSIDANT. (Voir *demeurant.*)

RÉSOLVANT. (Voir 1re catégorie, page 49.)

RÉSONNANT, RETENTISSANT. *Cette voûte est* RÉSONNANTE; *cette église est* RETENTISSANTE. — *Instrument* RETENTISSANT; *voix* RÉSONNANTE, RETENTISSANTE.

Au signal donné, mille voix RETENTISSANT *dans les airs, il en résulta un effet merveilleux;* c'est-à-dire, *comme* ou *parce que* mille voix retentissaient, il en résulta. (Voir page 43, n° 27.)

RESPLENDISSANT. (Voir *brillant.*)

RESSEMBLANT. *Portraits* RESSEMBLANTS, *copie* RESSEMBLANTE. — *Voilà deux hommes bien* RESSEMBLANTS : *on n'a jamais vu deux personnes parfaitement* RESSEMBLANTES.

Les deux frères étant de la même taille, et se RESSEMBLANT, *on prend quelquefois l'un pour l'autre;* c'est-à-dire, *comme* ou *parce que* les deux frères se ressemblent, on prend, etc. (Voir page 43 , n° 27.)

RESSORTISSANT, qui ressortit, qui est du ressort de : *cette recommandation du recteur de telle académie concerne non-seulement tel département, mais encore tous les départements y* RESSORTISSANTS, *toutes les localités y* RESSORTISSANTES. — *Les tribunaux de plusieurs provinces étaient* RESSORTISSANTS *au parlement de Paris.*

RESTANT, c'est-à-dire qui reste d'un tout. L'Académie dit, « *La somme* RESTANTE, *les cent francs* » RESTANTS. Cependant, ajoute-t-elle, on dit et on » écrit plus souvent *la somme* RESTANT, *les cent francs* » RESTANT. » Selon nous, on a bien raison de considérer *restant* comme étant toujours verbe; nous ne voyons nulle part la nécessité d'en faire un adjectif, si ce n'est dans *poste restante.*

Mais l'Académie autorisant les deux manières de dire, nous ajouterons, pour ceux qui croiront devoir considérer *restant* comme adjectif, que néanmoins il reste forcément verbe dans les deux cas suivants :

1° Lorsqu'il est suivi d'une préposition : *je ne sais quand je pourrai vous rendre les deux cents francs* RESTANT DE *ce que vous m'avez prêté*, c'est-à-dire qui restent de ce que vous m'avez prêté.

2° Et lorsqu'il est pris dans le sens de *demeurant,* qui demeure : *le nombre des Anglais* RESTANT *ordinairement à Paris est considérable.*

RESTAURANT. (Voir 1re catégorie, page 49.)

RÉSULTANT. Quoiqu'en procédure on dise *les cas* RÉSULTANTS *du procès, les preuves* RÉSULTANTES, écrivez toujours *résultant* invariable. (Voir nos raisons, page 30, n° 47.)

RETENTISSANT. (Voir *résonnant*.)

REVENANT n'est guère adjectif que dans *air* REVENANT, *physionomie* REVENANTE.

RÉVOLTANT. *Procédé, abus, luxe* RÉVOLTANT, *idée, proposition, absurdité* RÉVOLTANTE.

Les procédés de cet homme RÉVOLTANT *tout le monde, on le fuit, on le déteste*; c'est-à-dire, *comme* ou *parce que les procédés de cet homme révoltent tout le monde*, etc. (Voir page 43, n° 27.)

RIANT, qui annonce de la gaieté, de la joie : *visage* RIANT, *figure, physionomie* RIANTE : *il vint à moi d'un air* RIANT.

Il signifie aussi agréable à la vue : *une maison* RIANTE, *appartement, jardin, paysage* RIANT.

On le dit encore de ce qui plaît à l'esprit : *poëme* RIANT, *sujet* RIANT, *idées, images* RIANTES.

Ces idées, ces images RIANT *à mon esprit, je m'y arrêtai avec plaisir*; c'est-à-dire, *comme ces idées, ces images riaient à mon esprit, je m'y arrêtai.* (Voir page 43, n° 27.)

RONFLANT. (Voir page 27.)

ROULANT est adjectif s'il exprime la qualité d'une chose, et verbe s'il exprime l'action : *il a un voiture bien* ROULANTE, *cette route est bien* ROULANTE. — *Feu* ROULANT, c'est-à-dire, continu.

On le dit aussi pour signifier qui travaille, qui est en activité : *cet imprimeur a dix presses* ROULANTES ; *cet agriculteur a quatre charrues* ROULANTES, c'est-à-dire, qui travaillent, qui sont en activité.

Nous avons vu ces enfants jouant et se ROULANT. Ici *roulant* est verbe pour deux motifs : d'abord parce

qu'il marque l'action, et ensuite parce qu'il a un régime direct (*se*).

RUGISSANT n'est adjectif que quand il se dit d'un
lion alors qu'il ne rugit pas : *les lions* RUGISSANTS *sont
la terreur des forêts.*

C'est particulièrement le soir qu'on entend les lions
RUGISSANT, c'est-à-dire, faisant l'action de rugir,
poussant leurs rugissements.

RUISSELANT. Avant tout, faisons remarquer que
ruisseler signifie *couler en manière de ruisseau : par les
grandes averses, l'eau ruisselle partout. Le sang ruisselle
de ses plaies. La sueur ruisselle de son front*; c'est-à-
dire, l'eau, le sang, la sueur coulent en petits
ruisseaux, exécutent un *mouvement* qui, en pareil
cas, nous fera considérer *ruisselant* comme étant
verbe. Nous écrirons donc : *nous avons reçu toute une
averse, aussi sommes-nous rentrés, l'eau* RUISSELANT
sur nous.

Cependant nous pensons qu'on peut dire *eau ruisselante*, mais
dans un seul cas, c'est lorsque ces mots signifient eaux *vives, ayant
un cours*, par opposition à eaux *stagnantes : Dans mes prairies,
je n'ai que des eaux stagnantes, telles que d'anciennes tourbières
ou des étangs; les siennes, au contraire, sont sillonnées par de
l'eau* RUISSELANTE, *par des eaux* RUISSELANTES, c'est-à-dire par des
eaux vives, ayant un cours.

Mais faisons remarquer que *ruisseler* se dit non-
seulement du liquide qui coule en forme de ruisseau,
mais aussi *des corps* sur lesquels coule ce liquide.
Par exemple, nous disons, *son front, son corps* ruissellent de sueur, ces murs ruissellent, etc., quoiqu'un
front, un corps, un mur ne puissent faire cette action, c'est-à-dire, couler eux-mêmes comme des ruisseaux. Or le front, le corps, le mur, etc., ne pou-

vant être que *passifs*, *ruisselant* ne saurait être qu'*adjectif*. Nous écrirons donc, *nous rentrâmes ayant nos vêtements* RUISSELANTS *de pluie.*—*Quand nous l'avons relevé, il avait la figure et les mains* RUISSELANTES *de sang.* — *Je trouvai les murs de sa chambre* RUISSELANTS.

AUTRE EXEMPLE. — *Les murs de cette chambre* RUISSELANT, *je vous engage à n'y pas coucher;* c'est-à-dire, *comme* ou *parce que* les murs de cette chambre ruissellent, je vous engage, etc. (Voir page 43, n° 27.)

RUMINANT est adjectif, quand on l'emploie pour distinguer certains animaux par la faculté qu'ils ont de ruminer, c'est-à-dire de mâcher les aliments qu'ils ont avalés : *les moutons, les bœufs, les chameaux sont des animaux* RUMINANTS. — *Le chevreuil, le daim, le cerf, la chèvre, et en général les animaux qui ont le pied fendu, appartiennent à la classe* RUMINANTE.

Mais employé à exprimer l'action, *ruminant* est verbe : *je vis la plupart de ces animaux couchés et* RUMINANT, c'est-à-dire faisant l'action de ruminer.

Ainsi, pour le dire en un mot, *ruminant* n'est adjectif que quand il s'applique à des animaux, alors qu'ils ne font pas l'action de ruminer.

On peut donc dire dans un sens différent : *nous avons vu des animaux* RUMINANTS, et *nous avons vu des animaux* RUMINANT.

Dans le premier exemple, par cela seul que je me sers de l'adjectif, je dis que les animaux dont je parle appartiennent à la classe des *animaux ruminants*.

Dans le second exemple, au contraire, comme je me sers du participe présent *ruminant*, on doit entendre que je parle d'animaux que j'ai vus faisant l'action de ruminer.

Ruminant, quand il signifie *pensant, réfléchissant,* ne peut être que verbe : *on les voit toujours préoccupés, pensant et* RUMINANT.

SAIGNANT, qui dégoutte de sang : *quand nous l'avons relevé, il avait le nez* SAIGNANT, *la bouche* SAIGNANTE. Acad.

On dira donc de même : *ce pauvre animal s'est relevé les deux genoux* SAIGNANTS. Jusqu'ici *saignant* ne signifie guère que *ensanglanté*.

Mais, suivi d'une préposition, *saignant* ne saurait être que verbe : *ces pauvres animaux se sont relevés* SAIGNANT *des deux genoux*, c'est-à-dire, que les animaux saignaient des deux genoux, et non qu'ils étaient ensanglantés des deux genoux, ce qui ne peut se dire.

Saignant s'emploie quelquefois pour *peu cuit : les Anglais en général mangent certaines viandes* SAIGNANTES, c'est-à-dire, peu cuites.

On dit au figuré, *la plaie est encore* SAIGNANTE, c'est-à-dire, l'injure est encore toute récente, toute nouvelle.

Saignant, signifiant tirer du sang, est toujours verbe, et conséquemment invariable : *parmi les hommes qui pratiquent la médecine, les uns ne saignent presque jamais, et les autres sont toujours* SAIGNANT, c'est-à-dire tirant toujours du sang.

SAILLANT, qui avance : *les parties* SAILLANTES *d'un bâtiment.*

Au figuré, *un trait* SAILLANT, c'est-à-dire vif,

brillant, frappant ; *une pensée* SAILLANTE, c'est-à-dire vive, brillante, frappante.

SALANT n'est adjectif que dans *marais* SALANT, *puits* SALANT, c'est-à-dire, puits ou marais d'où l'on tire du sel par évaporation.

SALISSANT. (Voir 1re catégorie, page 49.)

SANCTIFIANT, lorsqu'il est adjectif, ne se dit guère que dans *esprit* SANCTIFIANT, *la grâce* SANCTIFIANTE.

SATISFAISANT. (Voir 1re catégorie, page 49.)

SAUTILLANT est adjectif, lorsqu'il exprime quelque chose d'habituel ou plutôt de naturel ; et verbe, s'il exprime le mouvement : *il y a des oiseaux* SAUTILLANTS *et d'autres qui marchent.* — *On voit toujours ces jeunes filles dansant et* SAUTILLANT.

SCINTILLANT. *Les étoiles sont des corps* SCINTILLANTS; *quant aux planètes, elles n'ont point de scintillation sensible.*

SÉANT. Ce mot ayant donné lieu à quelques controverses grammaticales, nous rapporterons d'abord ce qu'en dit l'Académie.

« *Séant*, dit-elle, est le participe présent de » *seoir*, verbe qui n'est plus en usage. Il se dit dans » certaines phrases de chancellerie et de palais, où » il signifie qui siége, qui tient actuellement, habi- » tuellement séance en quelque lieu : *le roi* SÉANT » *en son conseil, en son lit de justice. La cour* » *royale* SÉANT *à Paris. Le parlement était alors* » SÉANT *à Tours.* Puis l'Académie ajoute, quelques- » uns le font adjectif, et disent au féminin *séante :* » *la cour royale* SÉANTE *à....* »

On connaît notre opinion sur l'adjectif verbal

employé comme terme de pratique ; nous l'avons dite page 47, n° 30 ; mais le mot *séant* étant appliqué à deux cas différents, nous pensons que, dans l'un de ces cas, il est verbe, et, dans l'autre, adjectif. Pour nous, *séant* est adjectif, quand il a la valeur de *ré-sidant* : *la cour royale* SÉANTE *à Paris*, c'est-à-dire résidante à Paris, ou établie à Paris. Et nous ferons *séant* verbe, lorsqu'il exprime le temps pendant lequel une assemblée, une compagnie est en séance, parce qu'alors elle fonctionne, parce qu'alors elle agit : nous dirons donc, *la chambre des pairs* SÉANT *au Luxembourg*, SÉANT *en cour de justice, a condamné ce parricide*, c'est-à-dire la chambre des pairs *siégeant* ou *étant en séance* au Luxembourg ; la chambre des pairs *fonctionnant* au Luxembourg a condamné, etc.

SÉDUISANT est adjectif s'il exprime la qualité, et verbe, s'il exprime l'action : *cet orateur a fait plusieurs discours* SÉDUISANTS. — *On lui fit des offres* SÉDUISANTES.

Les discours de cet orateur SÉDUISANT *l'assemblée, son opinion a prévalu.* Ici *séduisant* est verbe, parce qu'il a pour régime direct l'*assemblée.* (Voir page 43, n° 26.)

SERVANT. On appelle chevaliers SERVANTS ceux qui, dans l'ordre de Malte, sont d'un rang inférieur aux autres chevaliers. Et on nomme *frères* SERVANTS ceux qui, dans un ordre religieux, sont employés aux œuvres serviles du monastère.

SIFFLANT. (Voir page 31.)

SIGNIFIANT. En théologie, on dit, *les sacrements*

6

sont signes SIGNIFIANTS et effectifs de la grâce, c'est-à-dire qu'ils la signifient et l'opèrent.

SONNANT, qui donne un son clair et distinct : *l'argent et l'airain sont des métaux* SONNANTS.

Horloge SONNANTE, *montre* SONNANTE, c'est-à-dire horloge et montre qui sonnent les heures. *Espèces* SONNANTES, c'est-à-dire monnaie d'or et d'argent. — *Je suis arrivé à quatre heures* SONNANTES, c'est-à-dire à quatre heures précises.

SORTANT n'est guère adjectif que dans *numéros* SORTANTS : *au dernier tirage les vingt premiers numéros* SORTANTS *ont gagné des primes.* Cependant il se dit aussi des membres d'une assemblée ou d'un corps qui cessent d'en faire partie : *à toutes les élections générales, il y a un certain nombre de députés* SORTANTS.

Mais quand je dis, *les vingt numéros* SORTANT *les premiers gagneront une prime*, *sortant* est verbe, car c'est comme s'il y avait, *les vingt numéros* QUI SORTIRONT *les premiers. On les voit toujours* ENTRANT *et* SORTANT. Ici encore *sortant* est verbe, parce qu'il marque l'action.

SOUFFRANT. *Nous les avons laissés* SOUFFRANTS, c'est-à-dire malades. — *Chez lui, la tête est la partie* SOUFFRANTE, c'est-à-dire affectée, malade. On dit de même au figuré, *il est la partie* SOUFFRANTE *de la société* ; c'est-à-dire la perte et le dommage, ou encore la plaisanterie tombent sur lui. — *L'Église* SOUFFRANTE, c'est-à-dire les âmes des fidèles qui sont dans le purgatoire.

Souffrant se dit aussi pour patient, endurant : *il n'est pas d'une humeur* SOUFFRANTE. — *On les* voit toujours d'une humeur égale, SOUFFRANT *tout de la part de leurs camarades.* Ici *souffrant* ayant un régime direct (*tout*) est verbe.

Nous les avons trouvés SOUFFRANT *cruellement de la goutte.* Ici *souffrant,* ayant pour complément l'adverbe *cruellement,* est verbe.

Mais faut-il dire, *nous les avons vus souffrant* ou *souffrants de la goutte,* SOUFFRANT ou SOUFFRANTS *de leurs bras, de leurs jambes,* etc.? Dans ces exemples, il faut l'adjectif, parce que c'est comme s'il y avait, souffrants, malades, affectés de la goutte, par la goutte.

STIPULANT. (Voir 1ʳᵉ catégorie, page 49.)

STIMULANT, adjectif, ne se dit qu'en médecine : *il a pris une potion* STIMULANTE. On l'emploie aussi comme nom : *donner* UN STIMULANT, DES STIMULANTS.

SUANT. Faut-il dire

Nous les avons trouvés SUANT *ou* SUANTS?

Nous pensons qu'il faut l'adjectif, s'il s'agit d'exprimer simplement une sorte de moiteur, parce qu'alors c'est l'*état ;* et qu'il faut le verbe, s'il s'agit d'une sueur abondante, parce qu'alors c'est la sueur qui coule, et que de plus elle est souvent le résultat d'une *action.* Je dirai donc, *non-seulement ces enfants n'ont pas froid, mais ils ont les pieds* SUANTS, *les mains* SUANTES, c'est-à-dire en moiteur. Mais que j'aie à parler de personnes qu'une forte chaleur, ou qu'un travail pénible met en sueur, je dirai, *je les ai vues travailler à l'ardeur du soleil, transpirant et* SUANT, c'est-à-dire qui transpiraient, qui suaient.

SUFFISANT. *Douze hommes sont* SUFFISANTS *pour terminer ces travaux dans huit jours.* — *Cette somme n'est pas* SUFFISANTE. — *Dix hommes* SUFFI-

SANT *pour terminer ces travaux à l'époque fixée, n'en employez pas davantage;* c'est-à-dire, *comme ou parce que* dix hommes suffisent. (Voir page 43, n° 27.)

SUFFOCANT.
SUIVANT. } Voir 1ʳᵉ catégorie, page 59.
SUPPLIANT.

SURABONDANT. *Ce fait ne saurait être contesté, il est établi par des preuves* SURABONDANTES. — *Outre ce que les détails dans lesquels entre cet auteur sont* SURABONDANTS, *ils nuisent encore à l'action principale.* — *La Touraine est un des pays de France où l'on vit à meilleur marché, toutes choses y* SURABONDANT. Ici *surabondant* ayant un régime (*y*) est verbe.

SURPRENANT. (Voir 1ʳᵉ catégorie, page 49.)

TENANT n'est adjectif que dans *séance* TENANTE.

TENDANT, qui tend à quelque fin. On trouve les exemples suivants dans l'Académie : *discours* TENDANT *à prouver que....., une requête* TENDANTE *à ce qu'il plaise à la cour....., une proposition* TENDANTE *à l'hérésie, semer des libelles* TENDANTS *à la sédition.*

Dans tous ces cas, selon nous, il est tout aussi régulier, sinon plus, de faire *tendant* verbe, et conséquemment de l'écrire invariable.

TENTANT. (Voir 1ʳᵉ catégorie, page 49.)

TOLÉRANT se dit principalement en matière de religion : *un prince* TOLÉRANT, et quelquefois d'un homme indulgent dans le commerce de la vie : *il est fort* TOLÉRANT *de son naturel.* Cet adjectif ne saurait se confondre avec le participe présent du verbe *tolérer.*

TOMBANT. *Les branches des saules pleureurs*

sont TOMBANTES. — *Il porte les cheveux* TOMBANTS. Au figuré, *nous sommes arrivés à la nuit* TOMBANTE.

J'ai été témoin de leur chute, je les ai vus TOM-BANT, c'est-à-dire qui tombaient, qui faisaient l'action de tomber : or *tombant* est verbe.

TONNANT. Au figuré, *une voix* TONNANTE, c'est-à-dire forte, éclatante. En poésie, *l'airain* TONNANT, c'est-à-dire le canon. — Cet adjectif ne saurait se confondre avec *tonnant*, verbe.

TOUCHANT.
TOURMENTANT. } Voir 1re catégorie, page 49.

TOURNANT n'est guère adjectif que dans *pont* TOURNANT.

TRAÇANT n'est adjectif que dans *racine* TRAÇANTE, c'est-à-dire qui s'étend entre deux terres, à la différence de *racine* PIVOTANTE, c'est-à-dire qui s'enfonce perpendiculairement.

TRAINANT. *Cette dame porte toujours des robes* TRAINANTES.—*Ce n'est guère qu'à la cour et au théâtre que l'on voit des robes à queue* TRAINANTE.— *Sa robe* TRAINANT *à terre, on la lui a déchirée;* c'est-à-dire, *comme* ou *parce que* sa robe traînait. (Voir page 43, n° 27.)

Au figuré, *voix, parole* TRAINANTE, c'est-à-dire monotone et lente.—*Discours* TRAINANT, *style* TRAI-NANT, c'est-à-dire languissant, qui dit peu en beaucoup de paroles.

TRANCHANT.
TRANQUILLISANT. } Voir 1re catégorie, p. 49.

TREMBLANT. (Voir de la page 33 à la page 43.)

TREMBLOTANT. Faut-il dire, *nous les avons vus* TREMBLOTANT *de froid* ou TREMBLOTANTS *de froid?*

La réponse à cette question est au mot TREMBLANT,
page 33. La seule différence qu'il y ait entre ces
deux participes verbaux, c'est que, à l'égard de *tremblant*, il y a des cas où il est mieux de se servir du
participe présent; et que, à l'égard de *tremblotant*,
ce cas ne saurait se présenter. Nous voulons dire que
dans tout exemple analogue à celui qui précède, il
est indifférent de se servir du participe présent ou de
l'adjectif.

Ces enfants TREMBLOTANT *de froid s'enrhumeront,
si vous n'y prenez garde;* c'est-à-dire, *comme* ou
parce que ces enfants tremblotent de froid. Ici donc
tremblotant est verbe. (Voir page 43, n° 27.)

TRESSAILLANT. (Voir de la page 33 à la page 43.)

TRIOMPHANT. *Ces généraux ayant vaincu l'ennemi sont revenus* TRIOMPHANTS. — *Nous les avons
vus* TRIOMPHANTS.

Mais faut-il dire *les voilà* TRIOMPHANTS *de leurs ennemis* ou TRIOMPHANT *de leurs ennemis?* L'histoire
nous montre ces princes TRIOMPHANT ou TRIOMPHANTS
de tous les obstacles? Notre opinion est que quand
triomphant est suivi d'une préposition, il est verbe,
et conséquemment invariable. Dans ces cas, *triomphant* est mis pour *l'emportant sur* ou *surmontant.*

TUANT. Expression familière dont on se sert pour
dire *fatigant : ce travail est* TUANT, *sa conversation
est* TUANTE, c'est-à-dire fatigante, assommante.

Ces bouchers TUANT *tous les jours, nous avons
constamment de la viande fraîche.* Ici *tuant* marquant l'action est verbe.

USANT. Il n'est usité comme adjectif que dans cette
seule phrase : *c'est une fille majeure* USANTE *et jouis-*

sante de ses droits. C'est trop encore, dites, *c'est une fille* USANT *et* JOUISSANT *de ses droits.* (Voir *jouissant.*)

VACILLANT. (Voir de la page 33 à la page 43.)

VERSANT n'est guère usité que quand on parle des voitures : *les voitures haut suspendues sont* VERSANTES.

VIEILLISSANT ne s'emploie guère que dans le style poétique. Un poëte comique pourrait dire de quelqu'un devenu chauve beaucoup avant l'âge :

> *Sa* VIEILLISSANTE *tête a perdu ses cheveux.*

VIVANT n'est adjectif que quand il s'emploie par opposition à *mort*, *morte* : *de tous les poissons que nous avons pris, il n'en reste que trois* VIVANTS. — *Ces chasseurs ont rapporté deux renards* VIVANTS. — *Il a huit enfants* VIVANTS.

Au figuré : *c'est le portrait* VIVANT, *c'est l'image* VIVANTE *de son père.* — *Langue* VIVANTE, c'est-à-dire, qu'on parle actuellement, par opposition à langue *morte*, c'est-à-dire, qu'on ne parle plus. — *Quartier* VIVANT, c'est-à-dire, où il y a beaucoup de monde et de mouvement.

Mais il faut dire avec le verbe, *ce sont des hommes* VIVANT *dans les plaisirs,* VIVANT *avec économie,* VIVANT *de peu, ne* VIVANT *que pour eux.* Du reste, on ne saurait confondre *vivant,* verbe, avec *vivant,* adjectif.

VIVIFIANT. (Voir 1re catégorie, page 49.)

VOLANT. *Poissons* VOLANTS, sorte de poissons qu'on appelle ainsi pour les distinguer des autres poissons qui ne volent pas. — *Petite vérole* VOLANTE, c'est-à-dire qui passe, qui dure peu. — *Fusée* VOLANTE, c'est-à-dire qui s'élève en l'air. — En peinture, *draperie* VOLANTE, c'est-à-dire, légère et paraissant agitée par le vent. — *Feuille* VOLANTE, c'est-à-dire, feuille d'écriture qui n'est attachée à aucune autre. — *Artillerie* VOLANTE, c'est-à-dire, dont les canonniers sont à cheval. — *Cachet* VOLANT, c'est-à-dire, qui n'adhère qu'au pli supérieur de la lettre, et qui par conséquent ne la ferme pas. — *Cerf*-VOLANT, sorte de gros insecte volant. — *Cerf*-VOLANT, sorte de jouet d'enfant.

Volant, servant à exprimer une action, est verbe : *apercevez-vous là-bas des oiseaux* VOLANT? c'est-à-dire qui volent. — *Tout près de nous étaient des insectes s'agitant*, VOLANT. — Mais je dirais, en faisant *volant* adjectif : *les mouches, les papillons, les abeilles, les hannetons sont des insectes* VOLANTS, parce qu'ici mon intention est, non de dire qu'ils font dans ce moment l'action de voler, mais seulement qu'ils sont doués de la faculté de voler.

VOYANT n'est adjectif que dans deux cas : 1° quand il se dit des couleurs extrêmement éclatantes : *voilà une couleur bien* VOYANTE, *trop* VOYANTE *pour une personne de votre âge* ; 2° et quand il s'applique, ainsi que cela a lieu dans l'hospice des Quinze-Vingts, soit à des hommes, soit à des femmes qui voient. On appelle *frères* VOYANTS ceux de cet hospice qui voient clair, et qui sont mariés à une femme aveugle; et *sœurs* VOYANTES les femmes qui voient clair, et qui sont mariées à des aveugles.

Excepté ces cas, répéterons-nous, *voyant* est verbe.

FIN.

www.ingramcontent.com/pod-product-compliance
Lightning Source LLC
Chambersburg PA
CBHW052216270326
41931CB00011B/2376